身になる練習法

硬式野球
岩井式"心技体"を磨く王道メソッド

著 岩井美樹 国際武道大学

INTRODUCTION
はじめに

　人生は修行。私はそう思っています。修行というのはツラく、厳しく、苦しいものです。最近ではこの言葉が一般社会から消えかかっているようにも感じますが、たとえば料理人にしても、どこで修業したのかはすごく大事。その修行を通して得たものが基本となり、そこに自分なりのオリジナリティーが上乗せされるからこそ、いい味を出せるようになって成功していく。まずは基本を身につけなければ、どんな分野でも成功することはないでしょう。

　そして野球に関しても、考え方は同じです。学校の部活動として野球などのスポーツに取り組みながら、社会に出ても通用する人間形成を行う。また、普段の練習や試合を通して技術的な能力を向上させていく。野球さえやっていればそれでいいのではなく、まさに人生の修行をしているのだと思います。

　ツラく、厳しく、苦しいものを乗り越えるためには「努力・忍耐・根性」が大切。この3つの言葉は、私の座右の銘でもあります。現代のスポーツ界は「楽しくやろう」とか「みんなで気持ち良くできればいい」という風潮になっていますが、人生において、調子が良い日というのは何をやってもうまくいくわけですか

ら、誰でも頑張れるのが当然です。ただ、問題は調子が悪くなったとき。もちろん誰かが助けてくれるわけではないので、いかに自分が辛抱した上で頑張れるかどうかが問われます。そのためには「努力・忍耐・根性」という意識を持ち、「この一時を我慢すれば違う道が拓けるぞ」という考え方ができるかどうか。だからこそ、私は普段から学生たちに「人生とは何ぞや」とか「野球も人生における修行だ」と説いているわけです。

　これまでの教え子の中には、プロ野球の世界へ進んだ選手も何人もいます。しかし、だからと言って技術論ばかりに走ったことはなく、基本的には人間として成長させていく。これは30数年間の指導者人生において、まったくブレていません。そもそも私が現在指導している国際武道大は、多くの教員を養成する学校でもあります。だから指導者を育成したいという気持ちも強いですし、企業に就職していく学生などにしてもやはり、それぞれが会社の中で認められて活躍していく人間になってほしいのです。

　大半の人間は、30歳くらいまでに選手としての野球人生を終えることになります。つまり、野球が終わってからの人生のほうが長い。ですから偏った野球の指導をするのではなく、人生の指導をするほうがいいのではないかと思っています。そんな私の考え方を踏まえて、この本を読み進めていただければ幸いです。

国際武道大学
岩井美樹

CONTENTS
目次

- 02 ──── はじめに
- 08 ──── 本書の使い方

第1章 しつけとマナー

- 10 ──── 1 挨拶
- 12 ──── 2 身だしなみ
- 15 ──── 3 取り組む姿勢
- 17 ──── 4 清掃と整理整頓
- 19 ──── 5 グラウンド整備と施設管理
- 21 ──── 6 学業

第2章 チーム作り

- 24 ──── 1 目標設定とチームワーク
- 26 ──── 2 組織の作り方
- 28 ──── 3 練習の意識と進め方
- 31 ──── 4 年間計画

第3章 攻撃(打撃・走塁)の練習

- 34 ──── Menu001 素振り
- 36 ──── Menu002 トス打撃
- 37 ──── Menu003 ティー打撃
- 38 ──── Menu004 ロングティー
- 39 ──── Menu005 ノックを打つ
- 40 ──── Menu006 フリー打撃
- 41 ──── Menu007 打撃中の走塁練習
- 42 ──── Menu008 バスター
- 44 ──── Menu009 左右の手を離して打つ
- 46 ──── Menu010 真後ろからのティー
- 48 ──── Menu011 ワンバウンドティー
- 50 ──── Menu012 速振り・速打ち

52	Menu013	片手打ち
54	Menu014	ワンバウンド捕球の練習と変化球打ち
56		打撃の技術ポイント！
60		岩井監督の言葉「攻撃編」

第4章 守備の練習

62	Menu015	キャッチボール
63	Menu016	トス打撃での守備
64	Menu017	シートノック
65	Menu018	打撃練習中の守備
66	Menu019	シャドーノック
68	Menu020	打撃投手（スローイング）
69	Menu021	ランダウンプレー
70	Menu022	捕手のキャッチング
71	Menu023	捕手のワンバウンド処理
72	Menu024	捕手の二塁送球
74	Menu025	内野手のゴロ捕球
76	Menu026	外野ノック
78	Menu027	寝てスローイング
80	Menu028	移動式ボール回し
82	Menu029	スナップスロー＆バックハンドキャッチ
84	Menu030	外野のクッション　ワンステップスロー
86		捕手の守備技術のポイント
88		内野手の守備技術のポイント
90		外野手の守備技術のポイント
92		岩井監督の言葉「守備編」

第5章 投球の練習

| 94 | Menu031 | キャッチボール・立ち投げ |
| 95 | Menu032 | ブルペン投球・打撃投手 |

96	Menu033	投内連係・ノック
97	Menu034	けん制
98	Menu035	ボールを持ってのランニング
99	Menu036	空気イス
100	Menu037	ヒザを抱えてクッション
101	Menu038	けんすい
102	Menu039	軸足を真っすぐ向けたまま投げる
104	Menu040	一本背負い
106	Menu041	二塁けん制
108		各球種の投げ方①ストレート
109		各球種の投げ方②カーブ
110		各球種の投げ方③スライダー
111		各球種の投げ方④シュート
112		各球種の投げ方⑤フォーク
113		各球種の投げ方⑥チェンジアップ
114		投球の技術ポイント
117		投球術
120		岩井監督の言葉「投球編」

第6章 その他の練習

122	Menu042	マシンシート
123	Menu043	投手シート・紅白戦
124	Menu044	トレーニング①ランニング
125	Menu045	トレーニング②綱登り
126	Menu046	トレーニング③ハンマー打ち
127	Menu047	トレーニング④ウエイトトレーニング
128	Menu048	トレーニング⑤アメリカンノック
130	Menu049	トレーニング⑥ペッパー
132	Menu050	トレーニング⑦股関節～開脚キープ
133	Menu051	トレーニング⑦股関節～開脚つま先
134	Menu052	トレーニング⑦股関節～開脚前屈
135	Menu053	トレーニング⑦股関節～開脚前屈つま先
136	Menu054	トレーニング⑦股関節～うつ伏せキープ＆腕立て

137	Menu055	トレーニング⑦股関節〜ヒップローテーションⅠ
138	Menu056	トレーニング⑦股関節〜ヒップローテーションⅡ
139	Menu057	トレーニング⑦股関節〜ヒップローテーションⅢ
140	Menu058	トレーニング⑧肩関節〜Y
141	Menu059	トレーニング⑧肩関節〜T
142	Menu060	トレーニング⑧肩関節〜W
143	Menu061	トレーニング⑧肩関節〜YW
144	Menu062	トレーニング⑧肩関節〜交互YW
145	Menu063	トレーニング⑧肩関節〜片ヒジ立てクロール
146	Menu064	トレーニング⑨胸郭＆体幹〜トランクⅠ
147	Menu065	トレーニング⑨胸郭＆体幹〜トランクⅡ
148	Menu066	トレーニング⑨胸郭＆体幹〜トランクⅢ
149	Menu067	トレーニング⑨胸郭＆体幹〜CAT&DOG
150	Menu068	トレーニング⑨胸郭＆体幹〜アームスイープ
152	Menu069	トレーニング⑩サーキット〜バービージャンプ
153	Menu070	トレーニング⑩サーキット〜スリークッション
154	Menu071	トレーニング⑩サーキット〜スクワットジャンプ
155	Menu072	トレーニング⑩サーキット〜馬跳び
156	Menu073	トレーニング⑩サーキット〜逆立ち
157	Menu074	トレーニング⑩サーキット〜手押し車
158	Menu075	トレーニング⑩サーキット〜お姫様抱っこ
159	Menu076	トレーニング⑩サーキット〜ファイヤーマンキャリー
160		体のケアメニュー①ストレッチ
161		体のケアメニュー②アイシング
162		体のケアメニュー③酸素カプセル
163		体のケアメニュー④メディカルチェック
164		岩井監督の言葉「実戦編」

第7章 野球人の心得

166	指導者の心得
169	人としての心得
172	おわりに

本書の使い方

本書では、写真や図、アイコンなどを用いて、一つひとつのメニューを具体的に、よりわかりやすく説明しています。写真や"やり方"を見るだけでもすぐに練習を始められますが、この練習はなぜ必要なのか？　どこに注意すればいいのかを理解して取り組むことで、より効果的なトレーニングにすることができます。普段の練習に取り入れて、上達に役立ててみてください。

▶ 身につく技能が一目瞭然

練習の難易度と、その練習から得られる能力が一目でわかります。自分に適したメニューを見つけて練習に取り組んでみましょう。

▶ 知っておきたい練習のポイント

この練習がなぜ必要なのか？　実戦にどう生きてくるのかを解説。また練習を行う際の注意点を示しています。

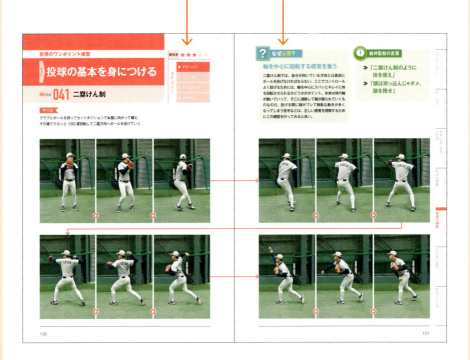

そのほかのアイコンの見方

 岩井監督が意識づけとして選手にかけている言葉です

 練習するにあたって心がけたい部分、ポイントのお話です

第 1 章
しつけとマナー

野球がうまくなるためには
練習だけをしていればいいわけではない。
人として大切なことを学んでいくことが上達への第一歩となる。

しつけとマナー
【1 挨 拶】

監督は針、選手は糸
「叱る」は教えること

　監督というのは針だと思います。そして、選手は糸。針が進む方向に糸はどこまでもついていきますが、もし針が間違った方向に進んでいても糸は気付きません。だからこそ、私は常に「この方向で間違っていないだろうか」と葛藤を繰り返し、何度も立ち止まって自分の指導法を振り返ってきました。その結果、時間が経ってみて間違っていたと気付かされたこともあるので、教え子たちには素直に「ごめん、あのときの指導は間違っていた」と謝り、訂正をするようにしています。指導というのはその時々で変わっていくもの。指導者というのは長く続けるほど頭を下げることができなくなっていくものですが、そこで針の穴から糸を抜く勇気も必要だと思っています。

　ただ一方で、ブレずに変わらない部分もあります。それが、人間形成の土台になる「しつけとマナー」の部分です。

　最近の世の中では、幼い頃に両親から叱られていない子どもが多く、我慢することがあまり身についていません。私が

大学で指導していても、「初めて怒られた」という学生がいます。ただ、私はそんなとき、こう言います。

「怒ったんじゃない。叱ったんだ」

「怒る」というのは感情が入るものですが、「叱る」は教えること。感情のままに「怒る」と相手には言葉がスムーズに入っていかないので、「叱る」という意識のもとで注意をすることが大切です。

また、そうなると我が子の可愛さあまりに親が出てくるケースもありますが、子どもにもいつかは世の中へ出て、親の手が届かなくなる時期が来ます。そのときに失敗しないようにするためには、親も叱らなければダメ。そこはしっかりと理解してもらう必要があります。

前置きが長くなりましたが、では「しつけとマナー」を身につけるためには何から始めるのか。私が大切にしているのはまず、挨拶をきちんとすることです。

「野球道」は「武士道」
立ち止まって挨拶する

野球というのは「野球道」という言葉があるように、ある意味では「武士道」です。礼に始まって礼に終わる。高校野球の甲子園大会にしても、みんな礼をしてグラウンドに入り、試合の始まりと終わりに必ず礼をするからこそ、称賛されているのだと思います。そして私たちの学校にもたとえばセレクションなどでたくさんの高校生が来ますが、私が見ているのはその部分。グラウンドは野球における道場なので、そこに入るときにきちんと立ち止まって礼をするかどうかです。

立ち止まって、という部分は非常に大事です。最近はスマートフォンを見ながら歩く習慣を持っている若者もいますが、歩きながら行うのは正しい挨拶ではない。その場でピタッと立ち止まり、「おはようございます」とハッキリ言ってくれれば、挨拶をされたほうだって気分が良くなります。これは社会に出たときの常識ですし、挨拶ができて上司に怒られることはまずありません。もちろん当たり前のことなので、社会に出たときの武器になると思ってもらっても困りますが、実際に私の教え子たちは特に年配の方々から「お前の挨拶はいいね」と言ってもらえているようで、それは私としてもすごく嬉しいことです。

挨拶というのは、誰でもできるようになります。挨拶ができない人にも理由があって、その多くは自分という人間に対してのプライドがないということです。挨拶なんかしなくたっていいやと思っているからしないわけで、挨拶をする習慣をつけていくとだんだんプライドが生まれていくのです。そして、いつの間にか堂々と挨拶ができるようになっていく。普段の行動から自信が生まれていくので、自然と野球の面でも成長していきます。

なお、挨拶を3回以上しても返してこない人に対しては、挨拶をしなくていいと言っています。また、「こんちは」とか「ちゃーす」などと軽く流すのもダメ。「そんな挨拶の仕方では社会で通用しないぞ」と何度もやり直しをさせます。それを監督のうるさい小言だと思うのか、それとも自分を鍛えてもらっていると思うのか。後者の感覚で接すれば人が言う言葉の一つひとつを理解できるようになり、人間としても選手としても成長できると思いますね。

しつけとマナー

【2 身だしなみ】

見える部分を整えて野球に集中していく

　人間の心は見えないもの。ですから見える部分を整えることも大事で、私は身だしなみも重視しています。ユニフォームの着こなしひとつ取っても、見栄えが良くなると野球の面でも成長する傾向がある。たとえば好きな異性と食事に行くとなったら、誰だって一応、鏡を見て身だしなみを整えるでしょう。それと同じで、身だしなみをきちんとしていれば心が整って、野球に集中するように気持ちが引き締まっていくのです。

　具体的に言うと、私たちは以下の項目を大事にしています。

- 全体的に小綺麗にする
- ヒゲは毎日剃る
- もみあげを伸ばさない
- 眉毛を細くしない
- 頭髪は短く清潔感がなければいけない
- 帽子はあみだにかぶらない
- ユニフォームの上着のボタンは閉める
- ユニフォームのズボンはヘソの位置にベルトがくるように履く
- ユニフォームのズボンの裾を上げてストッキングがしっかり見えるようにする
- ユニフォームは常にキレイにしておく
- スパイクのヒモはきっちり締める
- 野球道具は常に手入れをしておく
- グラブはヒモが切れてないかチェック
- 靴は必ず磨く（特につま先の部分）

　ざっとこんな感じですが、制服やジャージなどでも同じこと。だらしない格好をしないようにいつも細かい部分まで注意しておくと、何事にもしっかり取り組むようになります。

　清潔感というのもすごく大事です。髪の毛が長くなって耳を隠そうとしたり、親からいただいたものをいじる——たとえば眉毛を細くしたりすると、気持ちが内側に入って戦闘能力を失います。また練習が始まるとき、すでに汚いユニフォーム、汚いソックスなどでグラウンドに来る人もいるかと思いますが、「さぁやるぞ」というときにキレイな身なりでなければ、身も心も引き締まらない。常に新品を用意しろと言っているわけではなく、できるだけ真っ白なユニフォームでスタートラインに立とうとする気持ちが大事だということです。きちんとした心構えで正しい練習を毎日やっていけば、下手になるわけがありません。

　ちなみに「靴のつま先を磨く」というのは、日本の一般社会にはまず名刺交換をして頭を下げる習慣があるからです。そうやって挨拶したとき、最初に目に入るのが革靴のつま先。その部分が汚れている人間にいい仕事ができるわけがないと思いますし、革靴は手入れをすれば長く持つので、きっちり磨く習慣をつけてほしいと思いますね。

▲ヒゲを剃り、もみあげを伸ばさず、清潔感を保つこと。また、野球は帽子をかぶって行うスポーツなので、髪は短く整えておく

▲ユニフォームは上着のボタンをしっかり閉め、ズボンはベルトがヘソの位置にくるようにする

▲ストッキングが見えるようにズボンの裾をしっかり上げ、上着がたるんでベルトからダランと飛び出さないようにする

正しい帽子のかぶり方

▲帽子は顔の前からかぶっていき、前髪が出ないようにする。しっかりと深くかぶることで身なりがビシッと決まる。ツバの部分は真っすぐにする

▲頭の後ろから帽子をかぶっていくと、髪の毛が浮いたりしやすい。また深くかぶることもできず、帽子がポンと浮いた形になる

しつけとマナー

【3 取り組む姿勢】

グラウンドは野球を学ぶ道場
ミスはある。
その後の行動が大事

　野球の指導者や選手はどうしても技術を重視してしまいがち。しかし、それよりもまず大事にしたいのは、取り組む姿勢です。きちんとした心構えで練習を行っていれば、必ず上手くなる。これは間違いないと思っていますし、取り組む姿勢が悪い選手は上達しません。

　練習中の意識としては、私語を慎むことも大事です。これは、グラウンドで喋るなということではありません。野球に対する会話なら大いに結構。「あの場面はこうだったよね」とか「もっとこうし

たらいいんじゃないか」などと選手同士でアドバイス、指摘し合うことはすごく重要なことです。ただ、野球とは何も関係のないムダ話が出てくるときというのは、練習に集中できていないということです。もっと言うと、たとえばそれが打撃練習中だったとしたら、集中力を欠いているので危険を察知できない。下手をすれば後ろを向いてボールの行方から目を離していて、その結果、頭に当たって命を落とすことだってあり得るのです。グラウンドというのは、野球を学ぶための道場。ですから、しっかりと集中して練習に取り組まなければなりません。

　私がうるさく言うのは、失敗をした後の行動や仕草です。プレーするのは人間ですから、野球にミスはつきものです。誰にでも失敗はあるし、エラーや悪送球をすることだってあるでしょう。ただ、それが起こってしまったときにどうするか。「あぁ…」と落ち込んで終わるのではなく、次の行動を取れるかどうか。私はそこを見るようにしています。そもそもエラーなどであれば、ボールがそこにある限り、追い続けて投げれば先の塁でアウトにできる可能性だって出てきます。まだプレーは終わっていないわけで、その後の行動で最善を尽くそうとすることが大切です。

取り組む姿勢で防げるミスもある
毎日使う道具の手入れはしっかり

　失敗をした後というのは、人間の性格が出やすいものです。たとえばエラーをした直後にグラブやグラウンドを見て不満げな表情をしているとか、三振をして首を捻るとか、そういう仕草は見逃さずに叱ります。また、出塁した走者でありながら他のことを考えているとか、守備位置に就いても前の打席のことを考えているとか、打席に集中しなければいけないのに守備のミスを引きずっているなど、スパッと気持ちを切り替えられない選手は多いものですが、人間は2つのことを一気にできません。ですから試合中に守備位置で打撃の仕草などをしている外野手を見かけたら、すぐ交代。そういう選手はどっちつかずになって伸びないですし、注意されなければ延々と同じことを続けるので、私は厳しく接しますね。

　それと私が許さないのは、手を抜いた怠慢プレーや、アウトカウントを間違えるなど、やるべきことをやらずに起こったボーンヘッド。意識すればできることをやらなかっただけですから、そういうミスは取り組む姿勢しだいで防げます。そういうものを放っておいて、同じミスをまた繰り返すほうがチームにとっても本人にとっても困ります。

　さて、姿勢という意味ではグラブやスパイク、バットなどの野球道具も大事にしてほしいと思います。自分が毎日使う道具なのですから、誰かに磨いてもらうのではなく自分で磨くこと。また野球道具は親に買ってもらったというケースが多いと思いますが、それともう一つ、生き物を処分してできているということも忘れないでほしいです。プロの一流選手などを見てもやはり道具は大切にしていますし、細かい部分までこだわっていて、毎日よく磨いて同じものを長く使っている。それくらいの思い入れを持って、丁寧に手入れをしてほしいものです。

しつけとマナー

【4 清掃と整理整頓】

環境を乱さないようにして自分の計画まで整えておく

環境の乱れというのは、心の乱れにつながります。ですから、普段から周りの環境に対してどんな意識を持っているかもすごく大切。特に清掃や整理整頓についても、私たちはこだわっています。

清掃については年2回、4学年合計200人を超える部員全員で大掃除を行っています。時期は春季リーグ戦や6月の全日本大学選手権が終わって、これから秋に向かっていくというタイミングで1回。そして秋季リーグ戦や11月の明治神宮大会が終わり、また新たな1年に向かっていくという年末のタイミングで1回。いずれの場合も「ここからまた全員がフラットな状態になるんだ。メンバーもメンバー外も決まっていないところからスタートだよ」と、脳に信号を与えるという意味合いを持っています。

それと同時に当然、普段から清掃をする意識は高めています。グラウンドや室内練習場はもちろん、トレーニングルームなどの各施設はキレイにかつ丁寧に使い、次に使う人が気持ちよく使えるようにする。また、使ったものは元の位置にしっかり戻し、ゴミが落ちていたらパッと拾う。そもそもこれらの施設があるのは当たり前のことではありません。大学をはじめ、さまざまな方々の協力があってこそ成り立っている。だから「どうせ大掃除があるからいいや」と雑に考えるのではなく、日頃から使わせてもらっていることへの感謝の気持ちを抱いていなければダメだと思うのです。

また、各施設の玄関というのは、人間で言うところの"顔"。来客があったときもそこを見て判断されるわけですから、常にキレイにしておかなければなりません。普段からキレイに整っている施設は、使う人もキレイに使おうとします。逆に汚い施設だと、使う人も雑に使う。自分のものだと思って、マナーやルールをしっかり守ることは必須ですね。

一方の整理整頓ですが、こちらは物だけでなく、自分のスケジュールにおいても言えることです。たとえば今日1日を過ごすとしたら、朝は何時に起きて、顔を洗って歯を磨いて、朝食は何時か。そこから大学に行って授業を受けて、何時にグラウンドに来るのか。そこから練習をして、晩飯を食べて、ちょっとゆっくりして、「(日付が変わって)明日寝る人間はアウト」と言っているので睡眠は8

時間摂らなければいけない。そうすると何時に寝るのか。そこまでを具体的に思い描いて、1日を過ごすのです。

また、これができたら今度は3日間のスケジュールを立てる。それができたら今度は1週間。そこから2週間、1か月、2か月、1年、2年……。そして最終的にはどういう仕事に就いて、何歳で結婚して、何歳で子どもができたらいいなと。それくらいまでスケジュールを立ててこそ、自分自身の整理整頓だと思っています。もちろん、実際にそうなるかどうかは分かりません。ただ、物事を見ながら自分の中で先を予測して、そういう計画を立てられるようになることが社会人としては大事だと思います。

ちなみに部屋の整理整頓などについては、選手の性格を見極める材料として使えます。そのあたりは実は守備のポジションともつながりがあって、遊撃手の部屋はキレイで、三塁手や一塁手はわりと大雑把だったりします。また捕手は整理整頓ができていないと、いい捕手とは言えない。そうでなければ、ここぞという場面で「もういいや、直球で」などと、一か八かの選択になってしまう可能性もあります。ただし、あまりに細かすぎても「直球を待っているのかな。それともスライダーかな」と慎重に考えすぎて、裏の裏をかいて表になってしまうこともある。そこも頭に入れておかなければなりません。逆に、投手はキレイ好きすぎるとあまり伸びない。神経質だと打たれたボールに対しても引きずってしまうので、できれば細かいことは気にしないタイプのほうがいいでしょう。

監督を長くやっていると、「この顔つきで、このユニフォームの着方で、整理整頓がこんな感じだと4年間鍛えても難しいだろうな」というのがピンと来てすぐに分かります。ただ、それはあくまでも判断材料であって、決して見切りをつけるわけではありません。そういう選手に対しては、野球以外の部分をよりしっかり鍛えていこうと考えます。そうするとだんだん身のまわりの生活面が良くなっていき、練習に集中できる環境が整って、野球も上手くなっていきます。

しつけとマナー

【5 グラウンド整備と施設管理】

手作業で整備を行い
施設なども小まめに確認

　環境を整えることを考えれば、グラウンド整備にもこだわりを持つことが大切です。グラウンド整備においては、以下の項目を意識しています。

- グラウンドが平らになるように丁寧に行う
- 走路は特に荒れるのでレーキを掛ける
- 手作業でトンボを掛ける
  （それが一番キレイになる）
- トンボやレーキは、練習中にはボールが当たらないネットの後ろに置いておく
- トンボやレーキは、練習後には倉庫に綺麗に並べて置いておく

　そして、心構えとしてもう一つ。上級生が率先してグラウンド整備をするチームというのは、基本的に強いチームになると思います。これを下級生の仕事にするのは簡単ですが、4年生が先陣を切ってやれば3年生が動き、2年生が動き、1年生が動く。私たちの場合は特に部員数も多いので、全員でやれば10分程度で終わってしまうのです。特に4年生がそういう意識を持っていれば、チームとしてもすごくまとまっていきます。リーグ優勝が決まってみんなが浮かれている中、主将が自らベンチ内の忘れ物をチェックし、ほうきで掃いているという年などもありましたが、下級生にはそういう先輩の姿を見習ってほしいものです。

　また、強いチームというのはグラウンド整備をする道具も含め、用具の位置まで細かく指定しているものです。トンボとレーキはここに置く。打撃ケージの場所はここ。そうやって用具がビシッと並んでいるチームはやはり強いですね。場所さえ決めれば、選手たちはそこへ持って行くようになる。そこまで細かくするのは指導者からしても面倒かもしれませんが、意識すれば簡単にできること。それを毎日積み重ねていくことはすごく大事ですし、逆に用具がバラバラの状態で練習をしていても違和感がないのであれば、そこに気付かない指導者や選手たちは心構えとして不十分だと思います。またグラウンドを整えていれば使いやすいですし、細かい部分までみんなが気付くようになるので、ケガをするリスクも減ります。そう考えてもやはり、グラウンド整備は重要だと思いますね。

　国際武道大のグラウンドには、周辺に槙の木がズラリと植えてあります。必然的に落ち葉も多くなるのですが、選手たちはそれを毎日しっかりほうきで掃いてキレイにしています。またグラウンドの外野は天然芝ですが、芝生の手入れも自分たちで行います。土を埋める場合はさすがに業者へお願いしますが、それ以外は基本的に手作業。夏場は朝と夕方、平常時でも夕方に2時間ほど丁寧に水を撒いていて、朝には適度に水分を含むようにしている。天然芝は雨が降らないと朝にはすぐ黄色くなってしまうのですが、

私たちのグラウンドは常に緑色を維持していますね。さらに雨が降った日には五寸釘を持って、みんなで草抜き。芝生も生き物なので、「頑張れよ」などと囁きながら手入れをしていますね。こうした作業を根気強くできると、人生においても根気強くなります。こうした経験も社会に出て必ず生きると思います。

他にも、たとえば室内練習場などは完成してまだ新しいほうですが、その管理も徹底しています。打撃練習に使うネットに穴が開いていたら大変なので、雨が降ったときには全員でチェック。綻びが小さければすぐ修理するだけで済むので、ここはしっかりと目を光らせています。さらに、打撃マシン。外で使うと土埃にまみれるので、終わったら当番の選手が拭き、雨が降ったら油を入れる。また数台をローテーションで使い、起動時の音を聞いて常に故障がないか確認し、定期的に専門業者にメンテナンスもしてもらう。何事も小まめにチェックし、しっかりと管理するようにしていますね。

しつけとマナー

【6 学業】

面倒なことを先送りしない
授業重視で必ず卒業する

　学生の本分は学業。ですから私たちは学校の授業を重視し、それが終わってからグラウンドに来て練習するという形を取っています。また大学から社会に出たとき、野球を4年間やりながらもちゃんと卒業しているかどうかというのはすごく大きなこと。それによって会社内での評価や出世にも響いてくるでしょうし、本人たちが後々困らないようにするためにも、絶対に卒業させて送り出すんだという強いこだわりを持っています。

　ですから、しっかり単位が取れていない選手に関しては、練習への参加も禁止しています。それを伝えると泣きそうな顔をしてくることもありますが、そこで甘やかしてはいけない。4年間で卒業できなかったら、送り出してくれた親が泣くことになっちゃうんだよ、と。単位の取得状況などは学校側からデータで情報を得ているので把握できますし、「練習よりも前に学業をちゃんとやりなさい」とはずっと伝え続けていますね。

　これは卒業後に野球を続ける選手であっても同じです。社会人だろうとプロだろうと、学校を卒業できない選手は送り出さない。ただ、入学時は「野球だけやっていればいい」という意識だった選手も、授業でメモしたことをすべて見せろと言ってチェックし、単位を取らなければ練習させないというルールを突き付けたりすると、必死になって勉強するようになる。そうやって次第に伸びていき、最終的には立派に卒業していきます。

　私がよく言うのは、「分からないまま寝るような人間にはなるな」ということです。分からないのであれば、分かるまで寝ないで勉強すればいい。それはつまり、問題の解決を先送りする人生にするな、という意味です。練習であっても、感覚が分かるまでバットを振る。感覚が分かるまでシャドーピッチングをする。そうやってつかむものがあるのに、分からないところで「もういいや。寝ちゃおう」と思ってしまうようでは、いい加減な人間になってしまう。まして、人に指導をする教員にはなれません。

　面倒なこと、分からないことを先送りにしていると「どんどん転がって雪だるまになってしまう」とも言っています。忙しい人間は「明日やろう」と言うと、明日にはまた別の仕事が入ってきてしまうんです。だから前倒しですぐにやらないとダメ。そうやって当たり前のようにすぐ取り掛かる習慣をつけておくと、「この人はやることが早い」と少しずつ信用されるようになります。社会に出れば、いずれは野球が武器にならないときがやってきます。だからこそ、そこで困らないための習慣を学生のうちに身につけておいてほしいのです。

　レポート提出などにしても、私は「1週間後に提出と言われたら必死に3日で仕上げて赤い目をして持って行け」と言

います。なぜかと言うと内容はともかくとして、教員というのはそういう志、心意気を評価してくれるものなんだと。学生たちからすれば分からないとは思いますが、今の時点で分からなくても5年後や10年後などに分かってくれればいいと思って話をしています。

　授業についてよく選手たちに言っているのは、教員も1コマ90分の中で10か所くらいはいいことを言うから、それをいかにキャッチできるかが大事。神様は人間に耳を2つくれたので、どちらかの耳でキャッチしなさい、と。もちろん、都合の悪いことは耳を塞いでもいい。ただ、都合の悪い言葉にこそチャンスがある。そして神様は、口は1つしか与えてくれなかったんだから、言ったことに対しては責任を取れ。ウソをつく人間に

なるな…。そんな話もしています。

　ありがたいことに、選手の卒業時には保護者の方々からよく、こんなお礼の言葉をいただきます。

「4年間で人間が変わりました。ありがとうございます。最後は両親に感謝の言葉を言ってくれるようになりました」

　選手たちには「たとえこちらが頼まれたことでも、（会話の）最後に『ありがとうございます』って言える人間になれ」と常々言ってきたので、最後にそうやって言ってもらえるのは私としてもすごく嬉しいことです。私たちがやっているのは学生野球。人として成長することが必ず野球にもつながると思いますし、今後もやはり、教育は大事にしていかなければならないと思っています。

第2章
チーム作り

野球はチームスポーツであり、
チーム全員が目標を共有しなければならない。
どんな目標を立てて、その実現のために
どんな練習に取り組んでいけばいいのか。
ここではチーム作りに大切なことを紹介していこう。

チーム作り
【 1 目標設定とチームワーク 】

明確な目標を立てて
苦しいときも辛抱する

　チームを作っていくためには、まず目標設定からスタートします。大学野球であれば、目標としておそらく次のような声が挙がることがほとんどです。
「リーグ戦で優勝したい」
「全日本大学選手権に出たい」
「日本一になりたい」
　ただ、もちろん日本一を目指したいのは山々ですが、私は簡単に"日本一"という言葉は出しません。リーグ戦で優勝しなければ全国大会出場もないわけですし、簡単に成し遂げられるものではないからです。目標というのはホップ・ステップ・ジャンプという段階を踏んで、ようやく達成できるもの。じゃあ、まずはホップとして「リーグ戦で優勝して全国大会出場」。ここをねらおうという発想で、新チームはスタートしていきます。そして体力、技術や戦術、精神面、経験、チーム力などの現状を分析し、どうすれば目標が達成できる位置にまで到達できるのか、プランを立てていきます。
　また、一方で個人の目標も設定していきます。たとえば入部したときに「プロへ行きたい」と言っている選手であれば、プロの世界へ入れたとしてもそこで試合に出て活躍できるかどうかが問題になるよな、と。そうやってそれぞれの目標を具体的に考えて、ではそうなるためには何が足りないのか、課題はどこなのかを明確にする必要があります。
　いずれにしても、目標や目的を持たせて意識付けをしていくことはすごく大事です。目標のないチーム、目標のない選手では、努力のしがいもない。目先の結果ではなく長い目で見ながら、「勝つ」という目標をハッキリと意識させること。その意識が弱くなった瞬間に、そのチームは崩れて、負けてしまいます。
　目標が決まれば、あとはそこに向かって計画を立てて練習に励んでいきます。そこには当然、チームワークの強さも要素として絡んできます。
　チームワークを良くするためには、共通の目標を常に意識し続けることが大事です。選手たちというのは楽しいことや楽なことに対しては、しっかりと一致団結するものです。しかし都合の悪いことや苦しいことをやっているとき、また試合に負けたときなどは、そのまとまりもすぐ崩れてしまう。そもそも最初から違う環境で育った人間が集まっているわけですから、勝つかどうかが大きなウエイトを占めるのです。ただ、負けたとしてもチームワークを保ち続けられるとしたら、苦しいときにこそ辛抱して頑張れる人間が何人いるか。だからこそ、人生でもそうですが、「努力・忍耐・根性」が不可欠になってきます。
　チームワークを良くするというのは、決して普段から仲良くするとか、楽しくやれということではありません。ダメなところは学生同士でしっかりと指摘し合

う。もちろん身体的特徴を否定するのはただの悪口になるので良くありませんが、「こういう悪い部分があるよ」とか「ここを直さないとチームにとって悪影響なんだ」ということはしっかりと伝える。そうやって毎日取り組んでいきながら、共通の意識として苦しいことや嫌なことを常に思い出し、「二度と同じ想いはしたくない」と強く意識できるかどうか。そしてそれぞれがチームメイトの気持ちも思いやり、さらに自分がいなければチームが成り立たないんだというプライドを持つこと。それが本物のチームワークを生むことにつながるのだと思います。

　また、大学野球には４学年の選手がいますが、グラウンドに入って野球をしているときは１年生も４年生も関係ありません。もちろん、グラウンド外では上下関係やそれに対する礼儀も大切です。しかし良いチームというのはやはり、４年生が率先して周りが面倒だと思っていること、嫌がることをできるチーム。全体の団結力という部分にも、そこはすごく反映されると思います。

チーム作り

【2 組織の作り方】

監督は野菜炒めを作る料理人
動物園のようなチームが理想

　監督は料理人でもあると思います。チームを作るためには、そのチームに合った調理の仕方をしなければならない。美味しい料理というのは、基本的には刺身で提供できるものが一番です。素材の味をそのまま出せばいいので、監督が何も味付けしなくてもいいからです。ただ、チーム内の食材は常に一級品ばかりとは限りません。質が悪ければ炒めるか、煮るか、焼くか……。いろいろな方法を駆使し、さらに味付けをしていかなければ料理として成立しないのです。

　そうやって考えると、いつまで経っても良い素材が来るのを待っているようなチーム作りではいけないと思います。どうにかして、今ある食材を生かしてあげる。それが監督の仕事です。

　私が理想としているのは、野菜炒めのようなチームです。沖縄にはチャンプルーという炒め料理がありますが、どんな食材を入れても美味しいのだからすごいと思います。特に麩を入れたフーチャンプルーは衝撃的で、昔の沖縄では卵が高価だったため、卵を1つ使うだけであとは麩を入れてごまかした。ところが麩が卵に馴染んでほぼ同化し、卵料理のようになってしまうのです。先人の素晴らしい知恵だと思いますし、指導者もそういうチームを作ることが大事だと思います。

　もう一つ、喩えとしてよく「チームは動物園が理想」とも言っています。動物園というのは、たくさんの動物がいて成り立っています。ゾウもキリンもライオンもいて、チーターもリスも牛もいる。いろいろな特徴のある動物がいて、だからこそバランスが取れているのです。監督を長くやっていると、どうしても攻守走の三拍子がすべて揃った選手を集めたくなるものです。しかし、そういう選手ばかりを集めても、実際にチームは強くなりません。ある程度の計算が立ってしまうので、試合が進んでいって劣勢であることが分かると、それを想定しながらプレーするようになっていくのです。したがって、「守れないけれどもバットを握らせたら誰もコイツに勝てない」とか「パワーはないけど誰よりも足が速い」、「とにかく守備だけは巧いよな」といった一拍子あるいは二拍子の選手も大事。彼らは器用さがない分、劣勢でものすごい力を発揮してくれたりもします。そういう選手をたくさん作ってこそ、初めてチームとして機能していきます。

　これは会社組織でも同じでしょう。トータルのバランスが良くて何でもできる人間ばかり集めても、みんな同じような考え方なので新しいアイデアが出てこない。そんな中に、いつもは何をやらせてもダメな人間を入れておいたりすると、まったく違う発想から意外と斬新なアイデアを出してくれたりするものです。

　人間というのは、いつまでも自分のアイデアを持たなければいけないものだと

　思っています。親からもらった才能だけで何でもできてしまう人間もなかにはいますが、そういうケースでは逆にあまり努力をせずに終わってしまうことも少なくない。でも自分にダメな部分があれば、必死に努力と工夫をします。野球でも「自分は足が遅い」と分かっている選手であれば、「この道で生きていこう」とか「出塁したらどうすればいいだろう」と考えるようになる。そこはすごく大切だと思いますし、普段は寝ているサイだってここ一番ではライオンよりも強いわけですから、チーム内にはいろいろな選手がいて良いのだと考えています。

　では、そういう一芸はどうやって見極めていくのか。選手を見る目という意味では、私が重視しているのは打者であれば「距離を測れる選手かどうか」です。もっと分かりやすく言えば、テークバックを取ってトップの位置に入ってから、ボールが来て「打つ」と決めたところまで、トップの距離が一定かどうか。それができているということは、ボールが速くても遅くても自分で距離を測れるということになります。

　一方、投手を見るときの目安はまず、テークバックで手が隠れていてタイミングが取りにくいかどうか。続いて、体感スピード。これはスピードガンの表示ではなく、初速と終速の差がない投手。つまり本塁上で速く感じるかどうか、です。

チーム作り

【3 練習の意識と進め方】

全員一軍の意識を持たせて
同じメニューを積み重ねていく

　練習に臨む意識についてですが、まず大事なのは休まないことです。監督人生の最初、東海大を率いていた8年間は実施していませんでしたが、現在の国際武道大では人数がとにかく多いので、毎日出欠を取るようにしています。そして月1回の頭髪検査もする。それはなぜかと言うと、正直者が損をする世界にしてはいけないと思うからです。

　正直に毎日、良い姿勢で練習をやっている選手には、やはりチャンスを与えたい。また部員数の多さに紛れて、勝手に練習を抜け出す選手が出てくる可能性もゼロではないので、出欠確認はその防止にもなっています。たまに私が「あの選手を抜擢してみようかな」と思っても、まずは助監督やコーチに出欠状況を確認する。そこで「監督。アイツは月3回休んでいます」などと聞くと、「じゃあアウトだね」と。そこに目を瞑ってしまうと、選手からも「なんだ、監督は人数が多いから全員のことなんか見えていないんだ」とか「アイツがサボっていることも知らないんだ」と思われてしまう。それではチームとして困りますからね。

　一方で、もともと抜擢しようと思った選手も私のもとに呼んでこう言います。「オマエを使おうと思ったけど、3回も休んでいるからアウト。来月は休むなよ」

　そういう選手だからと言って完全に見限るわけではないし、いろいろな選手がいてこそのチーム。だから、どういうふうに接していくのかは個々によって変えていますね。

　それと、私は200人超の大所帯でも二軍や三軍を作りません。全員で同じ練習メニューに取り組み、公式戦が終われば全員が横一線でスタートする。全員が一軍なんだという意識を持たせるようにしています。と言うのも、国際武道大はまず教員を養成するチームでもある。グラウンドが教育の場であることを考えると、レギュラーメンバーが中心の練習は相応しくないのではないかと。もちろんリーグ戦の期間中はどうしても、出場メンバーが中心の練習メニューになります。ただ、たとえばメンバー以外の野手はベースランニングなしでノックが軽めの代わりに、打撃マシンを置いて1人3本のゲーム形式の打撃練習を行います。私はそれを見ているので、彼らにとってはそこが発表の場。そうやって、できるだけチャンスを与えるようにしています。

　そもそも、私は「レギュラー」と「控え」という言葉で分けるのが好きではありません。ですから、リーグ戦のときだけ「メンバー」と「メンバー外」という言葉を使っています。その決め方はまず紅白戦で成績を残したかどうか。これは打率や防御率などの数字で一目瞭然なので、選手たちも納得します。その上で、あとは監督としての目で見て、選手を入れ替えながら試していきます。

指導者の中には「レギュラー」と「控え」の扱いを明確に分ける人もいますし、ハッキリと差別化してレギュラーを目指すように這い上がる意識を促すというやり方もあります。現に私も東海大時代は、そういう方法を取っていました。ただ、それはプロの世界を現実に目指せるレベルのトップアスリートがいたからであって、国際武道大に合ったやり方は違うのではないかと。高校時代にいい想いをしていない選手が大半で、「とにかく厳しい練習で鍛えられただけで終わった」という選手ばかり。そんな中ではやはり、選手たちをごちゃ混ぜのチャンプルーにして勝たなければならないと思います。

　実際、国際武道大に来て間もない頃、東海大のときと同じ練習を選手に課したら、強度が高すぎて疲労骨折が8人も出てしまいました。そんなスタートだったので、まずはこなせるレベルの平均的な練習をしなければならない、と。そしてそのメニューで精一杯の選手たちは帰って休ませるようにし、それでもまだまだ練習したいという選手には自主練習の時

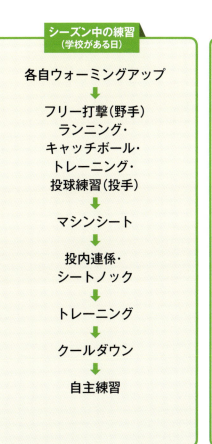

シーズン中の練習（学校がある日）

各自ウォーミングアップ
↓
フリー打撃(野手)
ランニング・
キャッチボール・
トレーニング・
投球練習(投手)
↓
マシンシート
↓
投内連係・
シートノック
↓
トレーニング
↓
クールダウン
↓
自主練習

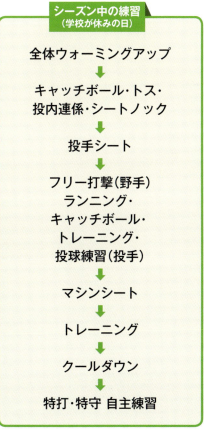

シーズン中の練習（学校が休みの日）

全体ウォーミングアップ
↓
キャッチボール・トス・
投内連係・シートノック
↓
投手シート
↓
フリー打撃(野手)
ランニング・
キャッチボール・
トレーニング・
投球練習(投手)
↓
マシンシート
↓
トレーニング
↓
クールダウン
↓
特打・特守 自主練習

間で強化していく。そうやってだんだん勝てるようになっていった経緯もあるので、出会った選手によって指導法が変わらないといけない、というのはすごく実感しています。

さて練習の進め方ですが、平日は基本的に学校で授業を受けるため、選手たちは終わり次第それぞれグラウンドに着いて練習が始まっていくという状況。全員が揃うのは17時くらいです。地域住民への影響も考えて、グラウンドは20時50分に消灯。外が暗くなったら練習も室内練習場へ移動していますが、21時を過ぎたら大きな音は出すなと言っています。また一日練習の日でも、仕事が休みでゆっくり寝ようとしている住民もいるだろうと思い、朝9時までは声を出さない。そうやって、チームの環境に合わせて形が進化してきました。

なお、一日練習のときは基本的に昼過ぎまで押していって、14時半くらいで終わるようにしています。大きな理由は、アルバイトをしている学生が多いから。昼に休憩を取って二部制にすると16～17時くらいまで掛かってしまうので、それならば朝ご飯をしっかり食べて来させた上で、通しでやってしまったほうがいいだろうと。それでもメニューの間合いを詰めていけば十分に練習量はこなせますし、監督の自己満足でダラダラと長くやるのは無駄。計画通りに練習を進めて、残りの時間はアルバイトや自主練習に充てたほうが、有意義だと思います。

あと練習内容とすると、基本的には毎日そう代わり映えはしません。ただ、常にカレーを食べている中で、それをチキンカレーにするのか、ビーフカレーにするのか、野菜カレーにするのかは自分たちで考えなさいと。また、選手たちを見ていて練習の流れにマンネリ化した空気を感じたときは、パッと突然メニューを変えることもあります。打撃ケージを設置させておいて、「気が変わった。ノックをやるぞ」。そうなると先が読めなくなるからかなりバタバタするのですが、そういう危機管理能力や対応力も、社会に出て必要なことだと思っています。

シーズンオフの練習

全体ウォーミングアップ
↓
サーキットトレーニング
↓
①シートノック
②バッティング
③トレーニング
④ロングティー
⑤アメリカン
⑥ペッパー
※一日3種類、3班に分けてローテーション
↓
マシンシート
↓
トレーニング
↓
クールダウン
↓
ウエイトトレーニング
特打・特守
自主トレ

チーム作り

【4 年間計画】

基本は1年中、実戦練習
シンプルな練習を繰り返す

　選手たちに自分の未来を予測させるためにも、年間計画の大まかな流れは伝えておきます。年末はいつ解散で年始はいつからスタートか。そういうものも踏まえて、計画性のある選手になってほしいという想いがあります。そして、その計画を修正する能力も身につけてほしい。たとえば何歳で結婚すると決めたって、やっぱりひと通り揃えるものは揃えて準備をしておかなければ、いざ家庭を持っても失敗してしまうかもしれません。

　またシーズンの流れと同時に、時期別の強化ポイントなども伝えています。ただ基本としては一年中、実戦練習。昔などは冬になればトレーニング中心にしていましたが、ボールを投げる感覚から離れてしまうと肩まわりの筋力が落ちて、暖かくなってバンバン投げ始めたところで肩を痛めてしまうことも多いんです。だからシーズンオフもランニングやウエイトをはじめとするトレーニングが増えるくらいで、練習の流れが大きく変わるわけではありません。投手なら1年中、1か月で1000球以上は投げ込むことを継続。ウエイトトレーニングはシーズン中なら80%で8回3セットなのが、シーズンオフは90%で3回3セット。走り込みはシーズン中が30メートル走〜200メートル走と1500メートル走。シーズンオフは30メートル走〜400メートル走と1500メートル走〜3000

年間スケジュール

月	内容	月	内容
1月	練習	7月	紅白戦
2月	練習	8月	オープン戦
3月	オープン戦	9月	秋季リーグ戦
4月	春季リーグ戦	10月	秋季リーグ戦
5月	春季リーグ戦	11月	関東地区大学選手権・明治神宮大会
6月	全日本大学野球選手権	12月	練習・紅白戦

メートル走。そうやって少し変化する程度です。またリーグ戦期間中は土日が試合だとして、だいたい毎週月曜がオフ。ここで故障を抱えている選手は治療に行くなど、休みも有効に使っています。

練習メニューなどについては、これまでいろいろなことをやってきました。ただ最終的に辿り着いたのは、基本に勝るものはないということ。やはりシンプルなものが良いと思うし、義理の父親である故・藤田元司さん（元巨人監督）も「難しいことを言う指導者にいい指導者はいない」と仰っていました。だから大事なのは、練習内容と集中力。練習が長ければいいというものでもないので、中身の濃い練習にすることを心掛けています。

それと先述の通り、選手たちは楽しいことに対してはしっかりとまとまります。ただ、居心地の悪い状況になると不平不満も出てくる。それは強化練習の期間であったり、リーグ戦で負けた直後だったりします。そんなとき、私は懲罰のような練習はしないようにしています。やることは、ひたすら基本の繰り返しです。

調子が良いときはやはり、どんなメニューをやってもチームはうまく回るものです。「全国大会に出られる」というご褒美があれば、どんなに苦しいランニングだってこなせる。ところがリーグ戦に負けて全国大会に出られないとき、懲罰的な練習を課すとチームは壊れます。ですから「これから1週間、あなたたちが足りないと思うことをやりなさい」と言って、まずは選手間で話し合わせます。そこで「自分たちは脚力が足りなかった」とか「自分たちの課題は守備です」などと、選手たちに自ら言わせるように仕向けることも大事。そして「おい、俺が決めたメニューよりもいいじゃないか」と必ず褒める。そうすると選手たちは気分が良くなって、もっと練習するようになっていきます。なかには「監督に踊らされているんじゃないか」と気付く選手も出てきますが、それはそれで良い。そうやって時期を見計らって、選手たちに意欲を促すようにもしています。

第3章
攻撃（打撃・走塁）の練習

試合に勝つためには得点を奪わなければならない。
そのためには打力、走力のアップは欠かせない。
ここでは基本練習から技術アップにつながる練習、
技術のポイントを紹介していく。

打撃練習

スイングの正しい形を身につける

難易度 ★★☆☆☆

カテゴリー
▶ テクニック
▶ フィジカル
▶ チームワーク
▶ メンタル

Menu 001 素振り

やり方

バットを持って構え、ストライクゾーンの9分割したコース(ど真ん中、真ん中高め、真ん中低め、外角真ん中、外角高め、外角低め、内角真ん中、内角高め、内角低め)に対してそれぞれ強くスイングしていく

34

⚠ ポイント
投球の軌道まで しっかりイメージする

各コースを想定するのと同時に、投手が投げているフォームとリリースポイント、そして投球の軌道もしっかりイメージすること。近年は練習の効率を上げるためにマシン打撃を多用するチームがほとんどだとは思うが、ミスショットが多くなることに慣れてしまう可能性もある。正しい形を体に染み込ませるためにも、素振りは多く行ったほうが良い。

⚠ 岩井監督の言葉

》「グリップに小指をかけない」
》「軸を真っすぐブレないように」
》「バットは"下から上"ではなく "上から下"に出してレベルに スイングする」

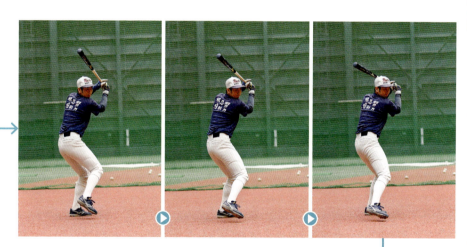

打撃練習

スムーズなバットの出し方を覚える

ねらい

Menu **002** トス打撃

難易度 ★★☆☆☆

カテゴリー
- ▶ テクニック
- ▶ フィジカル
- ▶ チームワーク
- ▶ メンタル

やり方

2人1組になり、一方に正面からボールを投げてもらう。打者はしっかりタイミングを合わせ、バランス良くスイングしながらバットの芯でとらえて、投げ手に向かってゴロ（もしくはライナー）を返す

! ポイント

最後までボールを見る

どんなコースに来たボールであっても投げ手にしっかり返すことで、スムーズなバットの出し方を覚えるのと同時に、ミートする確率を高めることができる。肩の力を抜いてリラックスして構え、リリースされたボールを最後までしっかり見てとらえること。ボールの内側を見る意識を持つとバットも内側から出ていくので、とらえる確率は上がりやすい。

! 岩井監督の言葉

≫「体でボールを追うな。目で追え」

≫「構えの段階で固まってはダメ。バットを動かして構える」

≫「顔の位置、目の位置、ボールを正しく見る目、利き目を探す。右打者であっても右目ではなく、左目が強い場合もある」

打撃練習

ねらい しっかり強くスイングする

難易度 ★★☆☆☆

カテゴリー
▶ テクニック
▶ フィジカル
▶ チームワーク
▶ メンタル

Menu 003 ティー打撃

やり方

2人1組になり、斜め前からボールをトスしてもらう。打者は正面に置いたネットに向かって、強く鋭い打球を返していく。投げ手は内外角のコースや高低も投げ分けていくこと。もしくはティースタンドにボールを置く形式で行っても良い

岩井監督の言葉

≫「インパクトは強く。緩んではダメ」

≫「軸の中心はヘソ。(構えの時点ではバットが)ヘソより前へ行き、ヘソを通り越して後ろでトップを作り、ヘソの位置で打つ」

ポイント
ヘソの前で強く打つ

投げてくるテンポが一定であっても惰性にならず、1球ずつしっかりと強くスイングすること。体重移動は「前→後ろ→前」。インパクトは捻った腰の前(ヘソの前)で、手は最後の最後まで使わない。頭を動かさず、体の軸がブレないようにすることが大切だ。なお、打つときにアウトステップしてしまうクセを持っている人もいると思うが、ステップの方向を意識するのではなく、ヒザが開かないようにする意識を持つと良い。

ワンポイントアドバイス
≫ 3種類のバットで打つ

素振りもそうだがティー打撃などでは特に、通常のバットも含めて3種類のバットで打つのがオススメ。重いマスコットバットなどで打つことでパワーをつけ、ノックバットなどの軽くて長いバットで鋭く振る感覚、さらにしなりを使う感覚を身につけることができる。

打撃練習

思い切りスイングして遠くへ飛ばす
ねらい

Menu **004** ロングティー

難易度 ★★★☆☆

カテゴリー
▶ テクニック
▶ フィジカル
▶ チームワーク
▶ メンタル

やり方
2人1組になり、斜め前からボールをトスしてもらう。
打者は各コースに投げ分けられたボールに対し、外野に向かって強い打球を返していく。
ライナーだけでなく、外野への大きなフライなどを意識して練習するのも良い

岩井監督の言葉
≫「後ろは小さく前は大きく」
≫「ボールを打ち砕くような気持ちで打つ」

ポイント
前が大きいスイングをする

外野へ打っていくことにより、自分の打球のクセを知ることができるのと同時に、ヘッドを走らせてボールを運ぶ感覚を養うことができる。小さな回転で大きなパワーを作ることがバッティング。そのためには軸を中心に鋭く回転し、前で大きな弧を描くようなスイングをすることが重要だ。

打撃練習

バットのしなりを利かせることを意識する

ねらい

Menu 005 ノックを打つ

難易度 ★★★☆☆

カテゴリー
▶ テクニック
▶ フィジカル
▶ チームワーク
▶ メンタル

やり方

後ろの手（写真の右打者の場合は右手）でボールを持ち、前の手（写真の右打者の場合は左手）でノックバットを持つ。目の前で軽くトスしたボールに対してテークバックを取り、思い切りスイングして外野に鋭いライナーや大きなフライを打っていく

岩井監督の言葉

》「バットのしなりを使いなさい」

ポイント

バットを寝かせてしなりを使う

ノックバットは軽くて長いため、ヘッドのしなりを利かせることができる上、スイングスピードも速くなる。したがって、ボールを外野へ運ぶ感覚を養うことができる。ただし、バッティングは回転運動で、しなりを使うと言っても遠回りしたら意味がない。バットが立っているとインパクトまで遠回りするため、たとえヘッドの部分がグッと後ろに入っていたとしても、バットは寝ていたほうが良い。なお、試合で外野フライを打ちたいケースでは、力んで引っ張ろうとするのではなく、軽く打つ感覚がちょうど良い。

打撃練習

テーマを決めて
いろいろな方向に打ち返す

ねらい

Menu **006** フリー打撃

難易度 ★★★☆☆

カテゴリー
▶ テクニック
▶ フィジカル
▶ チームワーク
▶ メンタル

やり方

打撃ケージを数か所並べ、その中に打席を作る。それぞれの打撃のテーマを決めてから打席に入り、打撃マシンから放たれたボール、あるいは打撃投手が投げてきたボールを強いスイングでいろいろな方向に打ち返していく

ポイント

軸足を投手に向けて真っすぐ構える

まず打席に入る際は、軸足を投手に向けてアドレス（打席位置）を取ること。投手に対して直角に入ることで、投球の軌道にスムーズに向かっていける。それを基本として、あとは投手のタイプに合わせてアドレスを変えていく。構えでは前にかがんだ姿勢になると、回転軸が大きくなるので鋭いスイングにはならず、また体の開きも早くなってしまいやすい。さらに、顔が斜めになった状態だとスイング時に

バットが下から出てしまうので、背筋を伸ばして真っすぐ構える。タイミングの取り方は人それぞれ。手で取る場合もあれば、腰とヒザで取る場合もあり、足で取る場合もある。平均的に良いのは腰とヒザで取るケースだが、本人の感覚の問題なので自分に合った方法を見つけよう。テークバックで「来た、来た、来た」とボールを呼び込みながら、タメを作って体重移動をしていくと良い。

岩井監督の言葉

- ≫「打者のアドレスを投手のタイプによって移動する」
- ≫「前にかがんで見逃す形は、低めや外角のボール球に手が出る。だから背筋を伸ばし、軸を真っすぐにして姿勢良く見逃す」
- ≫「下半身にゆとりを持て」
- ≫「ボールが投手の手を離れてから打ちにいけ」
- ≫「基本はセンター返し。内角は払う。外角は逆に引っ張る意識」

走塁練習

実戦での走塁の感覚を養う
（ねらい）

Menu 007 打撃中の走塁練習

難易度 ★★★★☆

カテゴリー
- ▶ テクニック
- ▶ フィジカル
- ▶ チームワーク
- ▶ メンタル

やり方

全ポジションに選手を配置し、さまざまなケース（無死・一死・二死で走者なし、走者一塁、走者二塁、走者三塁、走者一・二塁、走者一・三塁、走者二・三塁、走者満塁）を設定した上で、試合形式の打撃練習を行う。走者は攻撃側の作戦や打球の状況、守備側の対応などに合わせて動いていく

岩井監督の言葉

- 》「走者の確認事項はアウトカウント・ポジション・ライナーバック」
- 》「いつでも盗塁ができるように投手のクセやスタートのタイミングを計れ」
- 》「走り始めから常に全力疾走」
- 》「土を噛むように足の指を使え」
- 》「盗塁は勇気を持っていけ」
- 》「盗塁時は気配を消してリードする」

！ポイント

投手にプレッシャーを与える

帰塁時は5回でも10回でもヘッドスライディングをし、投手をけん制すること。打者のバント時はインパクトをよく見て、ボールが下に向かったら素早くスタート。上に向かったらすばやくバック。盗塁は勇気を持ってスタートを切る。また、投手がセットポジション時に「1、2、3」で本塁へ投げるのか、それとも「1、2、3、4」で投げるのか、タイミングを計ることも大事。実際に試合で走者が出たときにはベンチ内で必ず投手のセットポジションの時間を計り、さらに走者もけん制を必ず1つはもらうようにしている。

打撃のワンポイント練習

自分の形で打てるトップを作る

Menu **008** バスター

難易度 ★★★☆☆

カテゴリー
▶ テクニック
▶ フィジカル
▶ チームワーク
▶ メンタル

やり方

ティー打撃の形式で、斜め前からボールをトスしてもらう。
バントの構え（写真の左打者なら左手でバットの中間あたりを持つ）からスタートして、ボールが来るタイミングに合わせてバットを引き、テークバックを取ったら強くスイング。
正面に置いたネットに向かって打球を飛ばしていく

 なぜ必要？ 無駄が省かれて最短でトップを作れる

通常のバッティングでは人それぞれに構え方があるため、タイミングが合わなかったり、トップの形がしっかり作れなかったり、ヒッティングポイントがずれたりすることもある。しかし、バスターであればバントの構えから引かなければならず、時間の余裕がないのでトップまで最短で持っていくことになる。そうすることで無駄な動きが省かれ、タイミングも合わせやすく、しっかりトップを作って自分のポイントで打てる。また、正しい体重移動の感覚も身につけやすい。

岩井監督の言葉

》「バスターでのタイミングの取り方、（打つ）ポイント、トップがバッティングの基本」

》「体重移動は"前→後ろ→前"」

打撃のワンポイント練習

バランスの良い力の伝え方を覚える

ねらい

難易度 ★★★★☆

カテゴリー
▶ テクニック
▶ フィジカル
▶ チームワーク
▶ メンタル

Menu **009** 左右の手を離して打つ

やり方

右手と左手の間隔を少し空けて握り、その状態でスイングやティー打撃をしていく。ボールを打つ場合も当てにいくのではなく、通常と変わらずに強いスイングを心掛ける

❗ 岩井監督の言葉

≫「調子が悪くなってヘッドが出なくなったら、右手と左手を離して打ってみると良い」

なぜ必要？

両手のバランスを整える

バットスイングで両手を正しく使えていなかったり、片方の手の力が強すぎたりして、ヘッドが走らないケースはよくある。だが左右の手を離してみると、両手のバランスが整っていなければスムーズに振れないため、正しい両手の動き、バランスの良い力の伝え方が染み付いていくのだ。

ワンポイントアドバイス

間隔はこぶし1つ分

左右の手の間隔を広げれば広げるほど、両手をバランス良く使わなければ強いスイングができなくなる。まずは握りこぶし1つ分くらいを目安にし、感覚が分かってきたらだんだん間隔を縮めていこう。

打撃のワンポイント練習

センター返しを身につける

ねらい

Menu **010** 真後ろからのティー

難易度 ★★★★☆

カテゴリー
▶ テクニック
▶ フィジカル
▶ チームワーク
▶ メンタル

やり方

ティー打撃の形式を作ったら、斜め前ではなく真後ろ（捕手側）からボールをトスしてもらう。その球を強くスイングして、正面に置いたネットへ向かって真っすぐ打球を返していく

正しいセンター返しを身につける

斜め前からのティー打撃などでは、体のバランスが少し崩れても強く打つことができてしまう。しかし、真後ろから来るボールを真っすぐ打つとなると、正しいスイングをしてタイミング良く正しいポイントで打たなければならない。しっかり引きつけてセンター方向に返すことで、体の面を早く開いてしまったり、頭が前に突っ込んでしまうなどのクセを防ぐことができる。

岩井監督の言葉

≫「肩を開く者は胸を投手に見せないように打つ」
≫「体重の移動。ステップをしてから頭を動かさないこと。ステップが大きくなってしまうときは、頭の位置を動かさなければステップは小さくなる」

打撃のワンポイント練習

変化球に対応できる感覚を身につける

難易度 ★★★★☆

カテゴリー
▶ テクニック
▶ フィジカル
▶ チームワーク
▶ メンタル

Menu 011　ワンバウンドティー

やり方

投げ手は打者に向かってワンバウンドで届くように、斜め前からボールを叩きつける。
打者はバウンドして向かってきたボールにタイミングを合わせ、
強くスイングをしてネットに打球を返していく。

なぜ必要？

タイミングの取り方を向上させる

ワンバウンドしたボールを打つためには、ボールの軌道を最後までしっかり追わなければならない。さらに、バウンド後にもしっかりタイミングを合わせてボールの落ち際をとらえることが重要。その感覚を身につけることでタイミングの取り方が向上し、変化球にも対応できるようになっていく。

岩井監督の言葉

≫ 「距離を測れ」
≫ 「ボールを最後まで見る。打点のところまで」

打撃のワンポイント練習

軸を中心に鋭く回転するスイングを体で覚える

ねらい

Menu **012** 速振り・速打ち

難易度 ★★★☆☆

カテゴリー
▶ テクニック
▶ フィジカル
▶ チームワーク
▶ メンタル

やり方

バットを持ち、5回連続や10回連続などでスイングを素早く繰り返す（速振り）。
また斜め前からボールをテンポ良くトスしてもらい、
5球連続や10球連続などで素早くスイングして打ち返す（速打ち）。

なぜ必要？ 軸を中心に鋭いスイングをする

間髪入れずに何度も繰り返し素振り、あるいはバッティングをすることで、軸を中心に鋭く回転したスイングを体に覚え込ませることができる。通常の素振りやバッティング練習では、各自80％くらいの力でスイングしていることが多い。したがって一日1回は速振り・速打ちをすること。150％の力でヘッドスピードを出していくことが大事だ。

岩井監督の言葉

» 「体に芯・軸がないとダメだ」
» 「鼻をインパクトに持っていく（目線としては鼻の前にインパクトが来るような感覚でボールをとらえる）」

打撃のワンポイント練習

スムーズに力を伝えるスイングを身につける

ねらい

Menu 013 片手打ち

難易度 ★★★★☆

カテゴリー
- ▶ テクニック
- ▶ フィジカル
- ▶ チームワーク
- ▶ メンタル

やり方

バットを片手で持ち、ティー打撃の形式でボールを打っていく。
投手側の手（写真の左打者なら右手）で打つ場合も、捕手側の手（写真の左打者なら左手）で打つ場合も、ボールをヒッティングポイントまでしっかり引きつける

[投手側の手]

[捕手側の手]

なぜ必要？ スムーズなスイングとパワーを生む

片手ずつの動きを体で理解させることで、よりスムーズに力を伝えるスイングが習得できる。また、投手側の手で払っていく力、捕手側の手で押し込んでいく力もつけていけば、必然的にスイング全体のパワーも上がっていく。

岩井監督の言葉

» 「後ろのヒジがヘソに来るように」
» 「ボールの内側を打て」

打撃のワンポイント練習

ねらい ヒジとヒザを柔らかく使う

Menu 014 ワンバウンド捕球の練習と変化球打ち

難易度 ★★★☆☆

カテゴリー
▶ テクニック
▶ フィジカル
▶ チームワーク
▶ メンタル

やり方

両ヒザを曲げて低い体勢で構え、ショートバウンドを投げてもらってグラブで捕球する（ワンバウンド捕球）。続いてティー打撃の形式でフワッとした緩い球をトスしてもらい、タイミングを外された体勢からでも強くスイングする（変化球打ち）。

[ワンバウンド捕球]

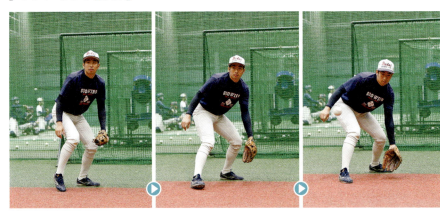

[変化球打ち]

なぜ必要?

ヒザとヒジによる粘りを生む

ワンバウンドを捕球するためには両ヒザを柔らかくしておき、さらにヒジを柔らかく使ってバウンドする軌道にグラブを出さなければならない。このときのヒザやヒジの使い方は、実は変化球を打つときにも大きく通じている。人間は低めを待ちながら高めに対応するのは難しいが、高めを待ちながら低めに対応することはできる。したがってバッティングでは、高めのストレートを待ちながら低めの変化球を拾うのが基本。このとき、いかに体の軸を崩されずにヒザで粘れるか。そして、いかにヒジをうまく使ってバットをボールに当てられるかがカギを握るのだ。

岩井監督の言葉

» 「ワンバウンド・ショートバウンドを捕球できない選手は変化球を打てない」

» 「ヒザとヒジを柔らかく使え」

打撃の技術ポイント！

[正面から]

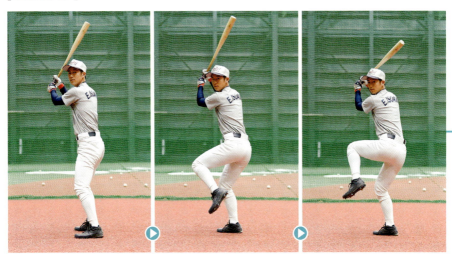

▲指に力を入れて肩やヒジは力を抜き、バットはテークバックをスタートしやすい位置。打席で構えて首が見えるときは打てる

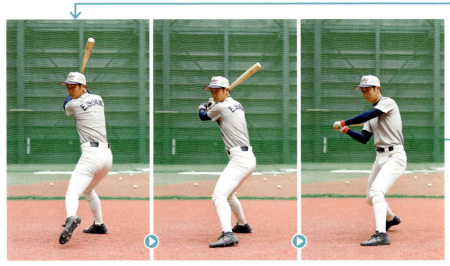

▲アウトステップせず真っすぐ踏み出す

▲上から下へ叩きながらレベルスイング

▲重心を下半身に置いてタメを作る

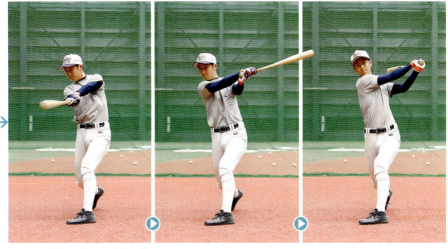

▲ステップをしても頭を動かさず、軸を中心に回転

⚾ 打撃の技術ポイント！

[斜め前から]

▲人間の体は2度力を入れられないので、インパクトで力を入れるためにもバットを動かして柔らかく構える

▲肩のラインは地面と平行

▲ボールの内側を見て打っていく。後ろヒジがヘソに来るように腕を柔らかく使う

▲ヘソの前で強くインパクト

▲バックスイングでトップの形を作って最短距離でバットを出す

▲腰の回転と頭は逆の動きをする

▲後ろは小さく前は大きく

岩井監督の言葉「攻撃編」

打撃

- 「『オレは打てる』と3回言ってから打席に入れ」
- 「『いただきます（という姿勢）』はダメ」
- 「低めのボール球を打つ選手は、社会人やプロでは通用しない」
- 「早いカウントは打ちやすいボールを打て。難しいボールは打つな」
- 「配球を読め」
- 「ボール球はヒットにならない」
- 「練習は力んで振れ。試合は力まず振れ」
- 「見逃し三振は試合に出ていない選手に失礼だ」
- 「代打は3回振る意識で」
- 「ファーストストライクは当てにいくな。しっかり振れ」
- 「（動きのスタートとなる）"1"を作れ」
- 「バットを長く持って振れる選手はそういない」
- 「配球表や映像を見ながら（打者が）どのような打ち方をしているのか、どのような配球をされているのか、（選手たちに）書かせることで理解させて実践に生かす」
- 「結果ばかり求めても良い結果は出ない。まず正しい形で打てたかどうかが大切」
- 「エンドランの打つ方向はセンターラインを避ける」
- 「足のマメの位置。内側にできるときは調子が良い」
- 「サインは最後まで見る。打者も走者もすぐにサインを見る」
- 「打ちに行ってボール球だったら振るな」
- 「打てる球・打てない球は、自分自身で決めて打つ」
- 「人間が投げる球で人間が打てない球はない」
- 「初球から変化球を打てる打者になれ」
- 「バッティングカウントで（ボールに）合わせるな。しっかり振れ」
- 「先制されても最後まで追いかけろ」
- 「野球は点取りゲームだ」
- 「変化球は曲がってから打つ」
- 「初球から当てにいくな。空振りしろ」
- 「打てるボールを打て」
- 「ボール球ゾーンからボール球ゾーン（へ変化する球）は打てない」
- 「早いカウントで打ち取られた打者の次打者は粘れ」
- 「走者三塁のときの三ゴロ・遊ゴロは点が入らない」
- 「体調や調子によってバットを持つ長さを工夫しろ」
- 「生意気に打て」
- 「ベンチワークをしっかり行う」
- 「打者のアドレス（打席位置）は自由だ」
- 「打つときにアドレス（打席位置）が動いたらダメ」
- 「打席ギリギリに立たない。少しラインより下がって立つ」
- 「フライアウトはダメ。強いゴロ・ライナーを打て」
- 「打席で執着心を持て」
- 「2ストライクからはしつこく粘れ」
- 「チャンスに強い打者になれ」
- 「初めから打つと決めるのではなく、投げられたボールに対して打つかどうか決めろ」
- 「バントで送った走者は返せ。1人が犠牲になっている」
- 「四死球はヒットと同じ」
- 「しっかり目を開けて打て」
- 「打つのと打たされるのは違う」
- 「堂々と打席に入れ」
- 「バッティングは外側の面を見るのではなく、内側の面を見て打て」

走塁

- 「ベンチからけん制に入る野手の動きを走者へ伝える」
- 「走者一・三塁の場合、一塁走者は投手にプレッシャーをかけろ」
- 「盗塁のサインが出ていないときは、行かないフリをする。盗塁のサインが出ているときは、行くフリをしてバッテリーにプレッシャーをかける」
- 「二塁走者は紛らわしい動きをしない」
- 「二塁走者は第二リードをしっかり取れ」
- 「二塁走者は、二塁手が二塁ベースに近い場合は目を合わせろ」
- 「塁に出たらすぐにサインを見る。サインを見るタイミング」
- 「盗塁は100％の力で行くのではなく、85％の力で行け」
- 「足が遅くても頑張って走れ」

第4章
守備の練習

キャッチボールやシートノックといった守備の基本から、捕手、内野手、外野手それぞれの守備力を高める練習まで、試合で確実にアウトをとるために守備を強化していこう。

守備の基本練習

守備の基本を身につける

Menu **015** キャッチボール

難易度 ★★☆☆☆

カテゴリー
- ▶ テクニック
- ▶ フィジカル
- ▶ チームワーク
- ▶ メンタル

やり方

2人1組になり、一方がボールを投げてもう一方が捕る。
この動作を繰り返しながら、少しずつ距離を取っていく

岩井監督の言葉

≫ 「送球は胸へ」
≫ 「グラブを しっかり開いて 捕球せよ」

ポイント

相手の胸を目掛けて腕を振る

キャッチボールは野球の基本と言われる。ボールを捕って投げるという感覚は毎日のキャッチボールの積み重ねによって染みついていき、それが実際のプレーにも表れるからだ。意識してほしいのはまず、相手の胸を目掛けてしっかり腕を振ること。また相手が送球の体勢に入ったら、自分はどこへでもパッと動けるようにヒザとヒジにゆとりを持たせて構える。そしてボールが来たら足を動かして自分の体を移動させ、正面で捕っていこう。

守備の基本練習

守備のリズムを作る

Menu 016　トス打撃での守備

難易度 ★★★☆☆

カテゴリー
- ▶ テクニック
- ▶ フィジカル
- ▶ チームワーク
- ▶ メンタル

やり方

2人1組になり、一方が打者となって数メートル離れる。投げ手は打者に向かって緩いボールを投げ、打ち返してきたゴロやライナーを捕っていく。捕球後はステップをし、ふたたび打者に向かって投げていく

⚠ ポイント

打球に反応して守備のリズムを作る

守備側からすれば、トス打撃は守備の形とリズムを染み込ませる練習。ボールを投げたらサッと構え、打者のインパクトに合わせて反応することが大事だ。そしてゴロまたはライナーに対し、グラブをしっかり開いて捕球する。ゴロの場合は足を使ってバウンドを合わせることも必要。難しいバウンドで捕らなければならないケースも出てくるかもしれないが、ヒザやヒジ、さらに手首を柔らかく使ってグラブさばきも養っていこう。

岩井監督の言葉

≫「守備の基本はキャッチボールとトス（打撃）」

≫「手首を柔らかく使って捕球せよ」

守備の基本練習

走者がいる状況で守備の練習をする

Menu **017** シートノック

難易度 ★★★☆☆

カテゴリー
- ▶ テクニック
- ▶ フィジカル
- ▶ チームワーク
- ▶ メンタル

やり方

選手は各ポジションに散らばる。ノッカーにゴロやフライ、ライナーなどさまざまな種類の打球を打ってもらい、捕ったらしっかりステップしてスローイング。各ポジションへの打球処理をローテーションで繰り返していく。人数がいれば走者もつけて行う

岩井監督の言葉

≫ 「捕球してから投げる相手を見ろ」

≫ 「寿司握っちゃダメだ（投げるほうの手の指先で寿司を握るように捕りにいかない）」

≫ 「間に合わないところへは投げるな」

≫ 「間のフライを捕球する選手は3回、捕球する意思の声をかけろ」

ポイント

走者にも焦らず確実にアウトを取る

打者走者はバットとボールが当たる音を聞いてからスタートし、アウトになりやすいようにする。内野手はゴロならば焦らず、確実に捕ってからしっかりステップして送球に移ること。スローイングではしっかり体勢を立て直し、胸を張って投げることが大事だ。外野手はゴロやフライ、ライナーなど打球の状況を素早く判断し、捕球後は各ベースや中継に入っている内野手に送球する。また外野フライの場合、捕る意思のある選手は声を3回以上かけること。右中間や左中間に飛んだ打球はセンターがカギとなる。

守備の基本練習

生きた打球で守備の練習をする

ねらい

Menu 018　打撃練習中の守備

難易度 ★★★☆☆

カテゴリー
▶ テクニック
▶ フィジカル
▶ チームワーク
▶ メンタル

やり方

打撃練習が行われているグラウンドで各ポジションに就き、打者のインパクトに合わせて反応。打球が飛んできた場合はそれを正確に処理し、あらかじめ設置したネットに向かってスローイングを行う

ポイント

足を使ってどこへでも動けるように

打撃練習中に飛んで来る打球というのは、実際の試合に最も近い"生きた打球"。前後左右にさまざまな回転のゴロ、ライナー、フライなどが来ることが考えられるため、まずは打者のインパクトに合わせてどこへでも動けるように構えることが大切だ。また、強い打球に合わせて受け身になるのではなく、足を使って1歩前へ出ていく姿勢も重要。攻める気持ちで守る習慣が身につけば、実際のプレーにおける自信も備わっていく。

岩井監督の言葉

≫「声を出さないと足は動かない」

≫「打球に合わせるな。1歩前へ出ろ」

≫「攻めたミスは次につながる。消極的なミスは次につながらない」

守備の基本練習

捕球から送球まで頭の中でイメージして動く

ねらい

Menu **019** シャドーノック

難易度 ★☆☆☆☆

カテゴリー
- ▶ テクニック
- ▶ フィジカル
- ▶ チームワーク
- ▶ メンタル

やり方

自分のポジションに就き、ノッカーにボールを打つフリをしてもらう。選手は打球に備えるように構えたら、インパクトからどんな打球が来たのかを想像し、捕球から送球まで、頭の中でのイメージ通りに動いていく

 岩井監督の言葉

≫ 「守備は躍動感がないといけない」

!ポイント

キレ良く動いて実際の打球に備える

実際にボールが飛んで来るわけではないので、いかに実戦に近い打球をハッキリと頭に思い描けるかが大切。そのイメージをたくさん持っているほど、実際に飛んできたときの準備が整っているということになる。またプレー中は何となく動くのではなく、動きのキレも意識すること。そういう習慣をつけておけば、理想に近い動きが体に染みついていく。

ワンポイントアドバイス

≫ より具体的にイメージしよう

単純な前後左右の打球だけでなく、どんな速さ、どんなバウンドのゴロが来たのか、さらに走者の足の速さというところまで、ハッキリと想定できると良い。写真は二塁手のプレーで、前方へのボテボテのゴロに対するランニングスローと、一・二塁間のゴロをダイビングキャッチして二塁で併殺をねらったスローイング。複雑なプレーもいろいろ想定してみよう。

守備の基本練習

ねらったところに投げる感覚を養う

Menu **020** 打撃投手（スローイング）

難易度 ★★★☆☆

カテゴリー
▶ テクニック
▶ フィジカル
▶ チームワーク
▶ メンタル

やり方
フリー打撃の際、打者から十数メートル離れた位置にネットを置き、本塁に向かってボールを投げる。ストライクゾーンを目掛けて思い切り腕を振っていく

岩井監督の言葉
》「スローイングはあくまでもスロー。遠投ではない」

ポイント
ねらったところへ投げる感覚を養う

打撃投手というのは、できる限り捕手が構えたところやストライクゾーンに投げて、打者に打たせることが大事。つまり強い球をねらったところへ投げる技術、指先の感覚などが必要になるため、スローイング上達にすごく効果的だ。ただの手伝いではなく、自分のための練習だと思って、率先して投げていこう。なお目的は実戦につなげることなので、捕手は大きく腕を回すのではなく、実戦と同様にテークバックを小さくして投げる。内野手はスナップスロー、外野手は内野手への返球やバックホームを想定すると良い。

守備の基本練習

ランダウンプレーで確実にアウトを取る

ねらい

Menu 021　ランダウンプレー

難易度 ★★★★☆

カテゴリー
▶ テクニック
▶ フィジカル
▶ チームワーク
▶ メンタル

やり方

塁間（一・二塁間や二・三塁間、三本間など）に走者を1人置き、2か所に分かれた野手の一方がボールを持って追い詰める。もう一方が自分の合図でボールを投げてもらい、捕球したら走者にタッチ。挟み込む形でアウトにする

! ポイント

頭の位置に上げてスナップスロー

走者を追いかける野手はボールをグラブに入れるのではなく、投げる手のほうで持ち、頭の位置に上げて相手に見せながら走っていくこと。そして、もう一方の野手は自分が捕ってすぐタッチできる間合いを測り、声で合図を出してボールを投げてもらう。なお、スローイングはスナップスローで行う。肩を支点にして腕を振るとボールが変化しやすいので、あくまでもヒジから先で投げる感覚だ。

👆 ワンポイントアドバイス

≫ 特に複雑な走者一・三塁を練習する

ランダウンプレーはさまざまなケースでの練習が可能だが、特にやってほしいのは最も複雑な走者一・三塁で一塁走者を一・二塁間に挟むケースだ。投手からのけん制で挟んだ場合、一塁手は一塁走者を追いかけながらも、タッチアウトにする気持ちは2割程度。残り8割では、三塁走者の動きに意識を置くことが重要だ。また走者側が重盗をねらってきた場合は、捕手からの二塁送球に対し、二塁手が二塁ベース手前に入って送球をカットするか、もしくはスルーするかの選択をしなければならない。このとき、二塁手はその位置に一直線に入るのではなく、本塁へ送球しやすいように少し回り込んで入っていこう。

捕手のワンポイント練習

捕手の基本の
キャッチングを身につける

ねらい

Menu **022** 捕手のキャッチング

難易度 ★★★☆☆

カテゴリー
▶ テクニック
▶ フィジカル
▶ チームワーク
▶ メンタル

やり方

両足を広げてしゃがみ、捕球の構えを取る。数メートル先からさまざまなボール（速い球や遅い球、変化球など）を投げてもらい、ミットの芯でしっかり音が鳴るように捕球する

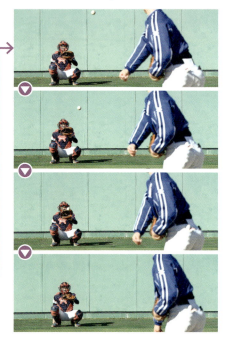

! ポイント

手首を立ててその場で止める

キャッチングのポイントはミットをしっかり開いて手首を立て、審判に見やすいようにその場で止めること。ストレートであってもカーブやフォークなどの変化球であっても、癖が出ずピタッと止められるように意識しよう。ミットに入れている左手の親指は痛めやすいため、テーピングをしても良い。また右手は親指を内側に折り、右の太もも横に置いておく。体の後ろに置くと構えが斜めに傾いてしまいやすいので注意。なお、投手に低めを意識させるためには、投げるときに捕手がミットの位置を少し下げてあげる工夫も必要。この動きも練習しておいてほしい。

岩井監督の言葉

≫「ミットを動かすな。置いておけ」

≫「キャッチングは手首を立てて行う」

≫「キャッチングはアンパイア（審判）に見やすいように行うこと」

捕手のワンポイント練習

ワンバウンドへの対応を身につける

ねらい

Menu 023 捕手のワンバウンド処理

難易度 ★★★★☆

カテゴリー
▶ テクニック
▶ フィジカル
▶ チームワーク
▶ メンタル

やり方

両足を広げてしゃがみ、捕球の構えを取る。数メートル先からさまざまなワンバウンド（ショートバウンドやハーフバウンド、速い球や遅い球など）を投げてもらい、全身を使ってボールの勢いを止め、体の前に落とす

岩井監督の言葉

≫「ストッピングは力を抜いてヒザを落として、猫背でアゴを引け」

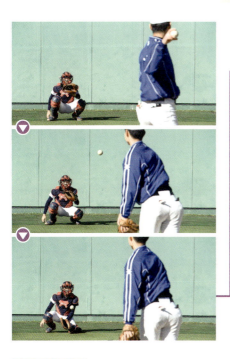

ポイント　ボールの勢いを吸収して止める

ワンバウンドを捕ろうとするとヒジが上がり、結果的に後ろへ逸らす可能性が高くなってしまう。ワンバウンドに対する捕手の仕事は、ボールをしっかり前に止めること。したがってパッと両ヒザを落としてミットを開きながら、背中を少し前かがみに丸めてボールを全身で吸収するようにする。また右手はボールに当たってケガをしないように、ミットの後ろに添えておこう。

捕手のワンポイント練習

二塁送球の基本を身につける

Menu 024 捕手の二塁送球

難易度 ★★★★☆

カテゴリー
▶ テクニック
▶ フィジカル
▶ チームワーク
▶ メンタル

やり方

走者一塁の状況を設定する。投手にボールを投げてもらうか、もしくはマウンドよりも手前から投げ手にスローイングをしてもらい、捕手はボールを捕ったら素早くステップして二塁へスローイング。一塁走者は捕手のミットにボールが入ったタイミングで盗塁を仕掛け、あえて遅めにスタートを切る

! ポイント

正確にステップして低めに投げる

走者があえて遅めのスタートを切るのは、確実に二盗を刺す感覚を捕手に味わわせてあげるため。素早く投げようとしてコントロールが乱れたら意味がないので、まずは慌てずにしっかりステップして肩を入れ、胸を張って正確に二塁ベース上の野手へ投げることが大事だ。また、ねらいどころはしっかり意識することが大事。走者へのタッチをできるだけ早くするためにも、低い送球で低い位置に投げることが大切だ。

岩井監督の言葉

> 「走者がいるときは尻を上げておけ」

> 「二塁送球がワンバウンドになる場合は1歩後ろへ下がって送球する」

> 「送球はまず足をさばいて投げる」

> 「走者を常に視界に入れておく。そうすると走者が動いても反応できる」

内野守備の基本練習

ゴロ捕球から送球を身につける

Menu 025 内野手のゴロ捕球

難易度 ★★★☆☆

カテゴリー
- テクニック
- フィジカル
- チームワーク
- メンタル

やり方

投げ手に正面や前、左右などにボールを手で転がしてもらう。選手はゴロの軌道やバウンドに合わせて足を使い、捕球体勢に入る。その後はステップして投げ手に返すか、もしくはネットに向かってスローイング

岩井監督の言葉

≫「ゴロ捕球の際のグラブは親指を左横に向けて、正面で捕球せよ」
≫「グラブは下から上へ使え」

ポイント 左右の足でしっかり重心を移動

まずは足をしっかり動かして、ゴロを捕りやすい位置に移動すること。また、そこから体の正面で捕球してステップしていくのだが、いざボールを捕った瞬間から送球に移る際にはしっかりと前足のヒザ（右投げの場合は左ヒザ）を曲げていくこと。いったん左足に重心を乗せて、そこからステップして右足（送球時の軸足）に重心を乗せる。そうすることで左肩がしっかりと後ろへ入れられるので、スローイングでも体の開きが抑えられる。

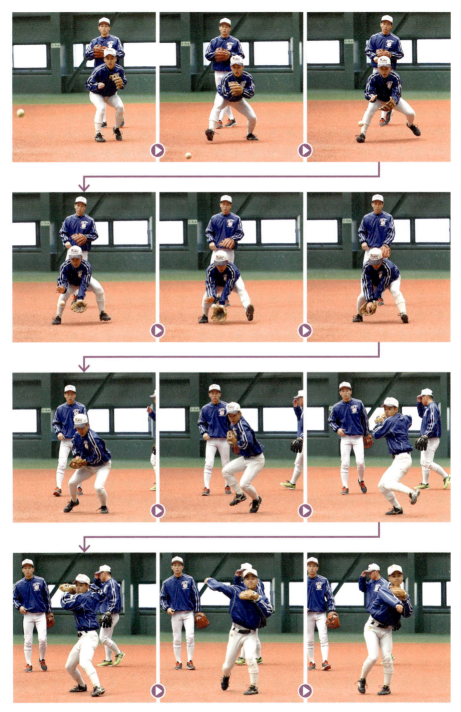

外野守備の基本練習

外野守備の捕球から送球を身につける

ねらい

Menu 026 外野ノック

難易度 ★★★☆☆

カテゴリー
▶ テクニック
▶ フィジカル
▶ チームワーク
▶ メンタル

やり方

選手は外野ゾーンで構えたら、ノッカーにゴロやフライ、ライナーなどを打ってもらう。それぞれの打球に素早く対応し、捕球後はしっかりステップして中継に入った内野手、あるいはノッカーの位置にいる捕手に向かってスローイング

岩井監督の言葉

≫「フライは打球を前に置いて捕球せよ」
≫「風が強いときは絶好のフライ練習になる」

! ポイント 前に出る勢いを利用して投げる

フライを捕るときは、自分の体の前に打球を置くようなイメージを持とう。1歩前に出て捕球するくらいの感覚があれば捕ってからも足を動かしやすく、勢いを使ってスローイングに移行できる。また、ゴロに対しては目線がブレないように素早く走りながら、片足を前に出して捕球。やはり前に走ってきた勢いを利用して、しっかりステップを踏む。なお、スローイングは内野手が捕れる高さの強いボールを投げること。フワッとした山なりの送球だと内野手がカットできないのでカバーできず、走者に無駄な進塁を許してしまう。

守備のワンポイント練習

正しいトップの位置を身につける

ねらい

Menu 027 寝てスローイング

難易度 ★★★★☆

カテゴリー
▶ テクニック
▶ フィジカル
▶ チームワーク
▶ メンタル

やり方

ボールを1つ持ち、仰向けに寝て両足を軽く開いておく。この状態で腕をしっかり振り、指先で回転を掛けてボール真上に投げていく。落ちてきたボールはグラブで捕球する

？ なぜ必要？

正しいトップの位置を覚える

寝転がった状態になると、下半身の動きがまったく使えない。つまり上半身を正しく使わなければ、良い回転でボールを真上に投げられないのだ。この練習を行うと、腕の振りのクセが出やすい。大事なのは手首をトップの位置に持っていき、ヒジから先をピュッと伸ばして投げること。これは内野手も外野手も捕手も（投手も）、すべての選手のスローイングにつながる要素だ。

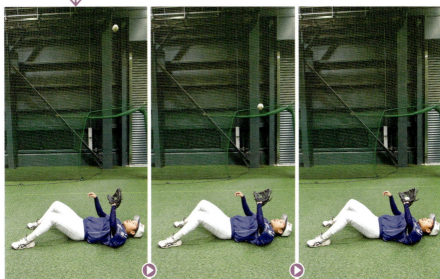

守備のワンポイント練習

動きながら捕って投げる技術を身につける

ねらい

Menu 028 **移動式ボール回し**

難易度 ★★★★☆

カテゴリー
▶ テクニック
▶ フィジカル
▶ チームワーク
▶ メンタル

やり方

約18メートル四方の小さなダイヤモンドを作り、選手が4か所に分かれて1つのボールを順番に回していく。まず本塁にいるAが一塁へ向かって走りながら送球。一塁にいるBはその球を捕球し、走りながら三塁にいるDへ送球。Dはその球を捕球し、走りながら二塁にいるCへ送球。Cは捕球後、本塁にいるEへ送球する。各選手は送球後、そのままの流れで場所を移動。ローテーションで行う

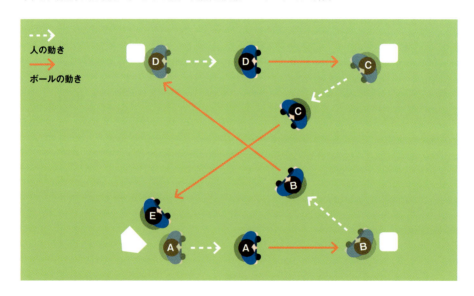

人の動き
ボールの動き

なぜ必要?

動きながら捕って投げる感覚を身につける

キャッチボールなどの練習では止まった状態でしっかりと自分の動きを考えることができるが、実際の試合でのプレーというのは、そのほとんどが「"動"から"動"」。守備側には走りながら捕る、あるいは走りながら投げるという動作も求められるため、その感覚を常に養っておくことも大切なのだ。またスローイングで大事なのはスナップスロー。肩を中心に腕を振るのではなく、ヒジから先を振って手首を走らせていこう。

守備のワンポイント練習

スナップスローとバックハンドキャッチを身につける

ねらい

Menu 029 スナップスロー＆バックハンドキャッチ

難易度 ★★★★☆

カテゴリー
▶ テクニック
▶ フィジカル
▶ チームワーク
▶ メンタル

やり方

半径10メートルほどの円を地面に描き、選手が2か所に分かれて1つのボールをつないでいく。まずAが円の外を時計回りに走りながら、同じく時計回りに走り出したBに向かって送球。Bはバックハンドで捕球し、今度はAと同じ位置から走り出したCに向かって送球。こうして、走りながらバックハンドキャッチとスナップスローを繰り返していく。なお、時計回りで全員が終わったら、次は反時計回りで行う

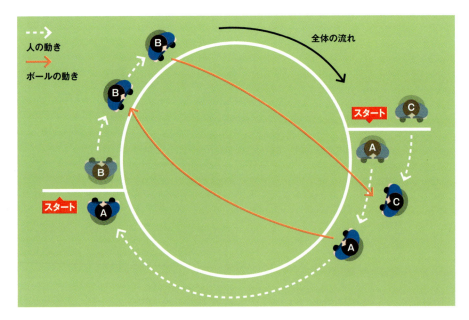

❓ なぜ必要？

個人の対応力とチームの団結力も高める

「移動式ボール回し」と同様、走りながら捕って投げる感覚を養う練習だ。こちらは応用として、捕球はバックハンド。走っている方向とは逆側にボールが来ることも多く、とっさのプレー（たとえば送球が逸れたときのカバーなど）にも対応できるようになる。また全員が円を描いて大きく移動するため、スローイングの難易度も高い。この練習を「ミスなしで連続○周」などと続けていくと、全員で全員のミスをカバーしようという空気になり、チームの団結力も高まる。

外野守備のワンポイント練習

クッションボールの処理を覚える

Menu 030 外野手のクッションワンステップスロー

難易度 ★★★★☆

カテゴリー
- ▶ テクニック
- ▶ フィジカル
- ▶ チームワーク
- ▶ メンタル

やり方

選手は外野の深い位置（レフト・センター・ライト）からスタート。投げ手の合図でフェンスに向かって走り出し、投げ手はフェンスに向かってボールを投げる（もしくはノックでボールを打つ）。選手は走りながらフェンスに跳ね返る角度とボールの勢いを予測し、フェンス近くで跳ね返ってきたボールを捕ったらパッと振り返って中継の内野手に送球する

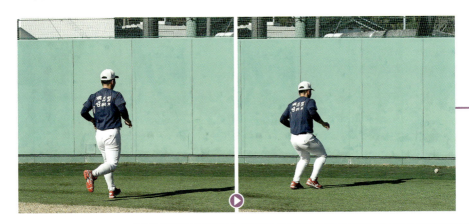

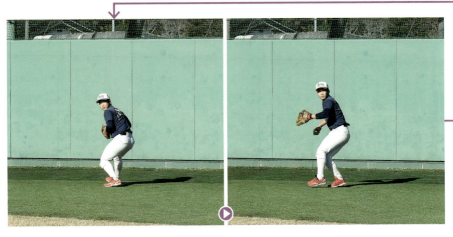

フェンス際の感覚を養う

フェンス際の打球処理にもたついた結果、走者に余計な進塁を与えたというケースは意外と多い。そうならないためには打球を追いながら、フェンスに当たる角度やボールの勢いなどを予測できているかどうか。クッションボールの処理を練習しておけば、フェンスとの距離をどこまで詰めれば捕ってからパッとワンステップで投げられるか、という感覚も養うことができる。なお、中継に入る内野手は通常よりも外野手との距離を詰め、ボールを受けに行ってあげることが大事だ。

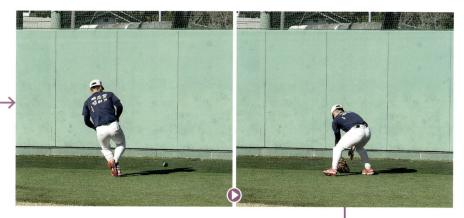

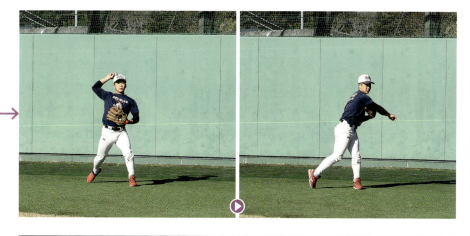

捕手の守備の技術ポイント！

[キャッチング]

▲ミットの面を投手に向けて置いておく

▲手首を立てて捕球し、その場でしっかり止める

[ワンバウンド処理]

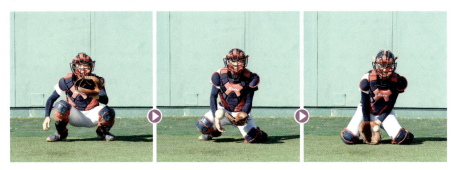

右手は太ももの横へ置き、体の面を真っすぐ向ける

力を抜いてヒザをすばやく落とし、右手はミットの後ろへ

やや猫背になってアゴを引き、ボールの勢いを吸収して前に落とす

[スローイング]

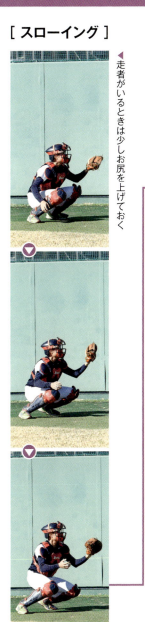

▲ 走者がいるときは少しお尻を上げておく

▲ 捕球後は足を1歩下げるような意識を持ちながらしっかりステップ

▲ 素早く握り替えてトップの位置へ

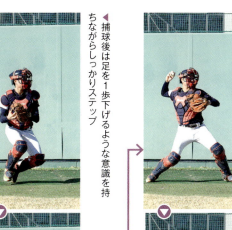

▲ 胸をしっかり張って送球方向へ体を真っすぐ向ける

▲ コントロール重視でスローイング

内野手の守備技術ポイント！

▲グラブをしっかり開き、手首を柔らかく使いながら捕球

▲前足をしっかり曲げて重心移動。グラブは下から上へ

▲ボールを素早く握り替えてトップの形を作る

▲足を使ってボールの正面に体を持っていき、バウンドに合わせて軸足を入れる

▲捕球に備えて左足を前に出していく

▲肩ではなくヒジから先を使ってスナップスロー

外野手の守備技術ポイント！

▲フライの落下地点を予測しながら、余裕がある場合は少し後ろに入る

▲足を動かしながらボールを素早く握り替える

▲胸を張って力強く送球

▲1歩前に踏み出して体の前で捕球

▲勢いを利用して送球方向にしっかりとステップ

▲勢いを止めることなくフォロースルーで跳ねる

岩井監督の言葉「守備編」

捕手

「走者がいるときは毎回立って返球すること」
「投手がテンポ良く投球できるように、テンポ良く返球する」
「自分の配球を自分で見直せ」
「外ばかりだと踏み込まれる。内を攻めろ」
「サインの交換は素早く、テンポ良く」
「サインはランナーコーチから見えないように股を閉じて出す」
「常に打者を観察しろ」
「捕手は次のプレーを考えて予測する」
「配球とリードは違う。リードは捕手の個性である。捕手の感覚である」
「捕手は投手の女房役」
「ボールが汚れていたら、こねてから投手へ返球せよ」
「本塁や打席周辺のグラウンドが荒れていたら、ならしておく」
「意図がない配球はダメ。どの球でどう打ち取るのかをよく考えて配球する」
「テンポを打者に合わせるな」
「連続でヒットされるときは、自分が考えている配球と逆の配球をしてみる」
「捕手は常にブルペンでいろいろな投手の球を受けて投手を理解しろ」
「右打者のアウトロー、左打者のインローを投手に意識させる」
「捕手はまず守備と配球。自衛隊でいいんだ」
「ヒットを打たれたことは失敗ではなく、次の成功への材料にする」
「球審を敵に回してはいけない」
「防具(プロテクター・レガース・マスク)の手入れとサイズ調整をする」
「配球は押したり引いたり、緩急をつけろ」
「走者がいるときはコースへ早く構えるな」

内野手・外野手

「常に2ポジション守れるようにしておく」
「前に出ろ。攻めろ」
「グラブトスは禁止。相手へ(ボールを)見せて手でトスをする」
「グラブのヒモの長さ・緩み・切れは常にチェックしておく」
「ポッと気が抜けるプレーはダメだ」
「グラブに当たった打球は捕れ」
「守備位置は飛んでくるところへ守れ」
「球際に強い選手になれ」
「エラー・ミスをした後には声を出せ」

第5章
投球の練習

投手力は試合の流れを大きく左右する。
投球の基本をしっかりと身につけ、
けん制や守備の連係も磨き、投手力を高めていこう。

投球の基本練習

ボールの回転を確かめる

Menu 031 キャッチボール・立ち投げ

難易度 ★★★★★

カテゴリー
- ▶ テクニック
- ▶ フィジカル
- ▶ チームワーク
- ▶ メンタル

やり方

通常の「キャッチボール」で2人1組になり、投げながらフォームや指先の感覚などを確認する。さらに、「立ち投げ」では立っている捕手に対してボールを投げながら、少しずつ距離を伸ばして18.44ｍ（マウンドから本塁までの距離）を超えていく

岩井監督の言葉

- ≫「気が入った球を投げろ」
- ≫「キャッチボールから指に掛けることを意識する」
- ≫「腕をムチのようにしならせて使え」
- ≫「最初と最後のキャッチボールは投球の一貫」

ポイント

体のバランスやボールの回転を確認

ブルペン投球や実戦での投球にもつながるように、鋭い回転を意識して強く腕を振っていくこと。足を上げたときのバランス、腕をしなやかに振る感覚、リリース時の指先の感触などをしっかりと確かめていくことが大切だ。

投球の基本練習

ねらい コントロールを意識する

Menu **032** ブルペン投球・打撃投手

難易度 ★★☆☆☆

カテゴリー
▶ テクニック
▶ フィジカル
▶ チームワーク
▶ メンタル

やり方

ブルペンに入って捕手を座らせ、各コースをねらって投げ込んでいく（ブルペン投球）。またフリー打撃ではマウンドから本塁に向かって投げ込み、各打者と対戦する（打撃投手）

岩井監督の言葉

≫ 「休み肩にしない」
≫ 「投げ込みをしない投手は良くならない」
≫ 「ブルペンでは低く投げろ。実戦ではボール（の高さ）が2つ上がる」
≫ 「試合前のブルペンで力め。そうすると試合のマウンドで力まない」
≫ 「ボールを置いたらダメ」

ポイント

低めと内外角のコントロールを意識

ブルペン投球では捕手の構えたところやヒザの位置、肩の位置などを目標にして投げる。また実際の試合を想定し、打者をイメージしながら内外角の低めでの出し入れや変化球とのコンビネーションなども意識していくこと。経験の少ない投手などには、本塁から内角や外角に10センチずつ離れた位置に要求することで、コントロールと腰のキレも促していく。そして打撃投手を行うときは強いボールを投げ込みながら（場合によっては変化球も混ぜて反応も確かめながら）、実際の打者と対戦する感覚を磨くことが大事だ。

投球の基本練習

フィールディング技術を磨く。連係を高める

ねらい

Menu **033** 投内連係・ノック

難易度 ★★★☆☆

カテゴリー
▶ テクニック
▶ フィジカル
▶ チームワーク
▶ メンタル

やり方

シートノック時にマウンドへ上がり、さまざまな状況に対応する。一・二塁間方向へのゴロに対する打球処理や一塁ベースカバー。投ゴロ併殺をねらう二塁送球。走者一塁や走者二塁における送りバントの処理。スクイズに対する本塁へのグラブトス。捕逸に対する本塁ベースカバーなどを行う

岩井監督の言葉

≫「投手は投げたら野手。構えろ」

ポイント　投球後に守備姿勢を取って対応

確実にアウトを積み重ねるためには、投手の守備力も問われる。したがって、まずは投球後にしっかりと守備の構えを取ること。そしてフィールディングにおいては、捕球後にしっかりステップをして投げる。一・二塁間のゴロに関しては一塁手や二塁手と声を掛け合って、誰が打球処理をするのか、誰がベースカバーに入るのか、意思を示していこう。グラブトスでは、相手に手のひらを見せていくようにする。

投球の基本練習

いろいろなパターンの
けん制を身につける

Menu **034** けん制

難易度 ★★★★☆

カテゴリー
▶ テクニック
▶ フィジカル
▶ チームワーク
▶ メンタル

やり方

各ベースに野手を配置し、投手がマウンドからけん制球を投げていく。
プレートから足を外す、クイック、逆回りけん制など、さまざまなパターンを行う

> 岩井監督の言葉

≫「投手は投げるだけではダメ。フィールディング・カバーリング・けん制をしっかりやりなさい」

ポイント

各ベースに真っすぐステップ

けん制で大切なのは、しっかりとステップすること。各ベースに前足（右投げなら左足）のヒザが真っすぐ向いていれば、上半身もその方向に動いて腕が振られるため、コントロールがつけやすい。また、回転しなければならない場合は頭を振るのではなく、軸を中心に回ることが大切だ。

投球の基本練習

上半身と下半身の連動を意識する

ねらい

Menu **035** ボールを持ってランニング

難易度 ★★☆☆☆

カテゴリー
▶ テクニック
▶ フィジカル
▶ チームワーク
▶ メンタル

やり方

ランニングをする際、右投げなら右手、左投げなら左手にボールを持つ。
しっかり腕を振って走る

岩井監督の言葉

≫ 「毎日走る。ランニングメニュー以外でも自分で走る」
≫ 「投手は特に走るときに腕をしっかり振るようにすると、肩のトレーニングになる」
≫ 「投手の練習は走り込みと投げ込みが基本」
≫ 「足は手より力がある。足を使え」

❓ なぜ必要？

走り方を投球フォームに生かす

投球フォームは上半身と下半身がうまく連動しなければならず、そのためには下半身からリードして上半身が動いていくことが重要。だから当然、下半身の強化も必要になってくる。その際、投げるほうの手にボールを持つことで、体の使い方をより投球とつなげていく意識が生まれる。また腕をしっかり振ることにより、肩まわりのトレーニングにもなる。なお、投球ではステップした後のストップ動作も必要なので、下り坂を走ることも大事。

投球の基本練習

投球に必要な下半身の強化

Menu **036** 空気イス

難易度 ★★☆☆☆

カテゴリー
- ▶ テクニック
- ▶ フィジカル
- ▶ チームワーク
- ▶ メンタル

やり方

壁に背を向けて立つ。両足と両ヒザをピッタリとくっつけたままヒザを曲げ、座った状態で10分間キープする

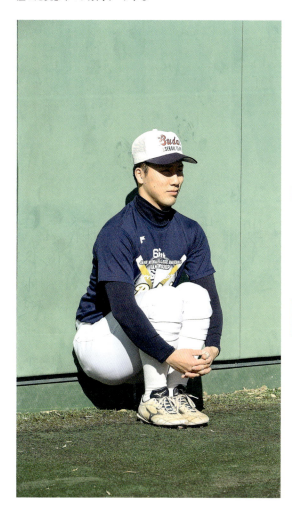

岩井監督の言葉

≫「ペロンとした下半身ではダメ」

なぜ必要？

投球フォームの安定を図る

先述の通り、投手にとって下半身強化は必須。1試合で100回以上も全力投球をするわけだから、持久力も問われる。何球投げてもフォームが崩れないようにするためにも、足腰を鍛えておくことは大切なのだ。

しつけとマナー / チーム作り / 攻撃（打撃・走塁）の練習 / 守備の練習 / 投球の練習 / その他の練習 / 野球人の心得

投球のワンポイント練習

投球に必要な下半身の強化

ねらい

難易度 ★★☆☆☆

カテゴリー
- ▶ テクニック
- ▶ フィジカル
- ▶ チームワーク
- ▶ メンタル

Menu 037　ヒザを抱えてクッション

やり方

真っすぐ立った状態から両ヒザを曲げてしゃがんでいき、ヒザを抱えるようにしてその場でポンポンと弾む。両足はカカトまで地面につけ、浮かせずに行っていく

岩井監督の言葉

》「足首とヒザを柔らかくクッションのように使え」

なぜ必要？

下半身を使い切って躍動する

足首やヒザに十分な柔らかさがないと、投球においても下半身で粘ることができず、上半身の力に頼った投げ方になってしまいやすい。柔らかいクッションのように使うことで、下半身から上半身に力が伝わり、躍動感のあるフォームとボールの力強さが生まれる。

投球のワンポイント練習

ねらい 肩まわりの筋力を強化する

Menu **038** けんすい

難易度 ★★★☆☆

カテゴリー
- ▶ テクニック
- ▶ フィジカル
- ▶ チームワーク
- ▶ メンタル

やり方

両手を広げて鉄棒（あるいはトレーニング器具のバーなど）をつかみ、ヒジをしっかり曲げて体を持ち上げていく。鉄棒が体の前に来るパターン、鉄棒が体の後ろに来るパターンの2つを行う

［体の前でけんすい］

［体の後ろでけんすい］

岩井監督の言葉

≫「（投手は）力むのではなく腕を振れ」

≫「気持ちが強くタフな投手になれ」

なぜ必要？

肩まわりの力を強化する

強いボールを投げる肩のスタミナというのは、基本的には投げ込みによって生まれるもの。ただ、実際は力まずに投げながら腕の振りを速くしなければならないため、準備として肩まわりの力自体を強化しておくことも大事だ。そのためにはけんすいが効果的。しっかりヒジを曲げて、顔がバーを越えるように体を持ち上げていこう。

投球のワンポイント練習

正しいステップと体の捻りを覚える

ねらい

Menu **039** 軸足を真っすぐ向けたまま投げる

難易度 ★★★★☆

カテゴリー
- ▶ テクニック
- ▶ フィジカル
- ▶ チームワーク
- ▶ メンタル

やり方

投げる相手に対し、軸足（右投げの場合は右足）のつま先を真っすぐ向ける。
その状態をキープしながら体を捻っていき、しっかりテークバックを取ってボールを投げていく

岩井監督の言葉

> - 「踏み込みを気にしすぎるな。初めにしっかり足場を作っておけ」
> - 「踏み込み足が地面に着いてから投げろ」
> - 「リリースでヒザを逃がさない」
> - 「テークバックで腕が体の中へ入らないようにする。ボールが抜ける原因、肩を痛める原因になる。肩のラインに腕を持ってくる」

なぜ必要？

上半身の捻りと下半身のステップを覚える

上下が正しく連動せず、体が開いてしまう投手はよくいる。その中でも多いのは、体を捻りすぎたりインステップをしたりして、腕がスムーズに出てこないというケース。それを矯正するためには、正しいステップと体の捻り方を染み込ませる必要がある。軸足を真っすぐ向けておくと、体を後ろまで捻りすぎていくような時間的余裕がない。したがって余計な動作が生まれず、両肩のラインを投げる方向へ真っすぐ向けることができる。さらに前ヒザ（右投げの場合は左ヒザ）を真っすぐ向けてステップすれば、力を逃がさずに伝えていくことができる。

投球のワンポイント練習

体の縦回転を覚える

Menu **040** 一本背負い

難易度 ★★★☆☆

カテゴリー
▶ テクニック
▶ フィジカル
▶ チームワーク
▶ メンタル

やり方

2人1組になり、正面で向き合う。
そこから一方が相手の腕の付け根に潜り込んで自分の肩を当て、そのまま相手の体を担いでいく。
相手側は背中の上に乗った状態になる

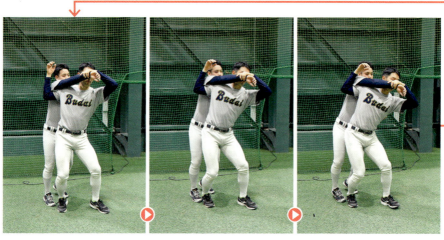

岩井監督の言葉

≫「柔道の一本背負いの形が投球の理想の形」

なぜ必要？　体の縦回転を身につけていく

オーバースローの場合、腰の回転は後ろの腰（右投げであれば右腰）が上からかぶさっていくような縦の回転が大切。それと同時に胸やワキの下も引き上げていき、右投げであれば右半身が少し高く感じるような感覚がちょうど良い。柔道の一本背負いを行うとその感覚が分かりやすく、体に覚え込ませていきやすいのだ。

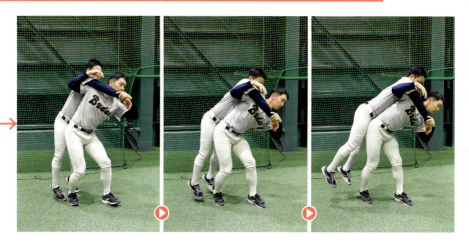

投球のワンポイント練習

投球の基本を身につける

Menu **041** 二塁けん制

難易度 ★★★☆☆

カテゴリー
▶ テクニック
▶ フィジカル
▶ チームワーク
▶ メンタル

やり方

グラブとボールを持ってセットポジションで本塁に向かって構え、その場でクルッと180度回転して二塁方向へボールを投げていく

? なぜ必要？

軸を中心に回転する感覚を養う

二塁けん制では、自分が向いている方向とは真逆にボールを投げなければならない。ここでコントロールよく投げるためには、軸を中心にスパッとキレイに体を回転させられるかどうかがポイント。本来は体の軸が動いていって、そこに連動して腕が振られていくものなのだ。投げる際に頭がブレて無駄な動きが多くなってしまう投手などは、正しい感覚を理解するためにこの練習を行ってみると良い。

! 岩井監督の言葉

≫「二塁けん制のように体を使え」

≫「頭は突っ込んじゃダメ。頭を残せ」

各球種の投げ方

①ストレート

> ⚠ ポイント

手首を立てて鋭い回転を掛ける

投球の基本はまず、良い質のストレートを投げること。良いストレートがあってこそ、変化球は生きる。キャッチボールやブルペン投球、実戦なども含めて、しっかりと腕を振って鋭い回転を与え、また低めのコースに投げ分けるコントロールも磨いていこう。リリース時に手首を曲げすぎていると、撫でるような形になって力が伝わらない。手首を立てるイメージを持つことが大事だ。また人さし指と中指の第二関節あたりまでピタリとくっつけると、手首がガチッと固定されて動きが硬くなってしまう。スナップを利かせるためにも、握りには少し余裕を持たせよう。

前から

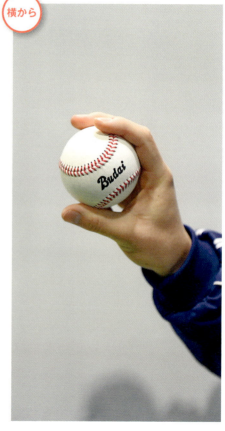

横から

各球種の投げ方

②カーブ

⚠ ポイント
手首を内側に巻き込んでいく

すべての変化球に共通して言えるのは、できるだけストレートと同じフォームで投げること。特にヒジの高さが変わると相手に悟られてしまうし、コントロールも難しくなるので、変えるのは「手首から上だけ」という意識で良い。縦にストンと変化するカーブを投げるためには、手首を内側に巻き込んで親指を捕手、小指を自分のお腹に向けていくこと。手首が頭から離れるとすっぽ抜けやすくなるので、フォームを緩ませず、手はリリースするギリギリまで頭のあたりに置いておこう。そしてグラブ側の腕で、打者の頭の上にグラブを置くようなイメージを持つと良い。

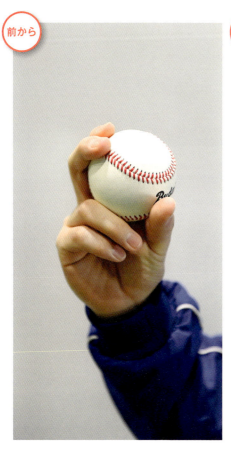

前から

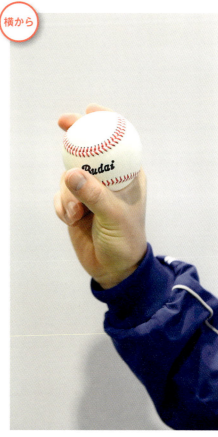

横から

各球種の投げ方

③スライダー

> ⚠ ポイント
ボールの中心を外して外側に押し込む

投手の中には先天的に、ボールを外側に切るスライダー系の球種が得意なタイプと、ボールを内側に切るシュート系の球種が得意なタイプがいる。それを見極めておくと、自分に合った球種が見つかりやすい。スライダーを投げる際のポイントはまず、ボールの中心を少し外して握ること。そして、人さし指や中指で外側に切りやすいように縫い目に掛ける。リリースでは手首よりも小指のほうが先に出ていくようなイメージを持ちながら、人さし指や中指で少し押し込んでいくような感覚があると良い。

前から

横から

各球種の投げ方

④シュート

> **ポイント**
腕を少し遅らせて親指の付け根を出す

スライダーとは逆の回転が掛かるように、人さし指や中指を縫い目に合わせて握る。そしてストレートよりも少し腕や手首を遅らせるイメージを持ち、腕の力を抜いて重心を下げる。さらにリリースでは親指の付け根を出していき、投げ終わったら手首が外へ向くようにする。なお、そもそも投球フォームが悪くてシュート回転してしまうのは、シュートを自分で操っていることとは違う。正しい方法で投げなければヒジを痛めてしまうので、注意が必要だ。インステップしてしまう選手は軸足のつま先に重心が置かれているので、その場で腰に手を当ててイスに座るようなイメージを持つと良い。アウトステップしてしまう選手は捻りすぎるくらい、体を後ろへ大きく入れていくとちょうど良い。

前から

横から
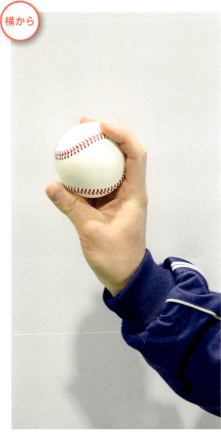

各球種の投げ方

⑤フォーク

> **！ポイント**
>
> ## 握りを固定して手首を硬くする

フォークは人さし指と中指を大きく広げ、ボールを挟んで投げる球種。ある程度のスピードが出て、ストレートの軌道からスッと落ちていくのが理想だ。腕の振りもストレートとほとんど同じなので、コツをつかめば投げやすい。ポイントは球がすっぽ抜けないように握りをしっかり固定し、手首を硬くして投げること。また、打者に「甘いストレートが来た」と思わせなければ振ってもらえないので、コースとしては真ん中から低めのボール球ゾーンに落としていくのが良い。

前から

横から

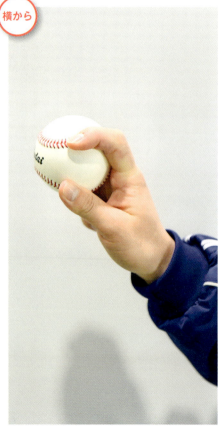

各球種の投げ方

⑥チェンジアップ

> **!** ポイント
>
> ## 本塁の先をねらって低めに投げる

ストレートと同じ腕の振りからフッと抜いて緩いボールを投げることにより、タイミングを外していく球種。握り方はさまざまだが、腕をしっかり振った上で緩急の差をつけられるようなものを見つけてほしい。写真は"OKボール"とも言われる、いわゆるサークルチェンジ。親指と人さし指で「OKボーズ」を作るように円を描き、残りの指の付け根をボールに当てる。高めに浮いてしまうと、ただ回転の少ない緩いストレートになって打たれてしまいやすいので、ポイントは低めに投げること。本塁ベースの奥の角に当たるようなイメージを持つと良い。

前から

横から

投球の技術ポイント！

▲軸足の上に頭を乗せる意識

▲投手板に軸足のスパイクの刃を掛ける

▲体の中心に近いところに力を入れる
（末端に力を入れると全身に力が入りすぎる）

▲つま先からステップに入ればヒザが逃げない

▲投手板から蹴ったところから
4歩半ほどあれば良い

▲後ろの股関節から前の股関節に移行させてリリース

▲腰のベルトのラインと肩のラインが地面と平行

▲「人（もしくは入）」の字を作るように投げる。体の回転後は軸足の甲が地面を擦る

▲首の後ろにシワを作る意識を持てば軸が作られる

⚾ 投球の技術ポイント！

▶ 踏み込み足のヒザを真っすぐ向け、地面に着いてから投げる

▶ グラブ側の腕のヒジが腰に来ればもう一方のヒジが上がる

▶ 踏み込む足の付け根とヒザをしっかり上げてから力を抜いて踏み出す

▶ テークバックで肩のラインに腕を持ってくる

▶ フォロースルーを止めると肩やヒジを痛めるので、止めない（フォロースルー時に手首で自分のお尻を叩ける位置まで腕を持っていき、その反動で頭の位置まで上がったりすると治ることがある）

投球術〜打者の攻め方

投手にとって最も大事な役割は、試合で勝利に導けるかどうか。そのための投球術については下の表などに記してあるが、まずは「投球の基本」として次の20項目を頭に入れておいてほしい。

[投球の基本]

1. 一定のワインドアップを身につけること
2. 投球の全行程を通じ、ボールを隠し続けること
3. 軸足を投手板にふれて平行に保ち、いいピボットを行うこと
4. ピボット中は重心を軸足に残しておくこと
5. 腰の運動を開始し、それを適切に用いること
6. 足を上げるのにバランスを崩さず、あまり早く投手板を蹴らないこと
7. 精神を集中し、的を凝視すること
8. 球をグラブの中に入れておく時間をできる限り長くすること
9. 投手板からグーンと乗り出し、突き刺すほどの勢いで投げること
10. 打者に向かって体を沈ませて乗り出すこと

■ 打者の攻め方

1	いい内容の球を本塁上に通せ
2	走者がいるときは低めをねらえ
3	打者に対してまず優位に立って、それから仕事にかかれ
4	上下、内外と球を散らして、打者の打撃姿勢を崩せ
5	球速を変化させよ
6	打者の実力と欠点を研究せよ
7	打者の立ち位置、スタンス、ストライドをよく観察せよ
8	打者に対して優位に立ったらコーナーをねらえ
9	ウエストピッチは本塁から外せ
10	同じエリアに同じ球種の球を何度も投げるな
11	すべてをさらけ出すな。勝負、勝敗の分岐点で、力投するためのピッチングを秘めておけ
12	打者に真っ向から自分の全力をぶつけるのをためらうな
13	一球一球の意味を持たせよ。なぜこの球を投げるのかを自分に言い聞かせよ
14	プレートにかぶさってくる打者にブラッシュバックをさせよ
15	急ぎすぎるな。しかし、のんびりしすぎるな
16	2ストライク後は、最高の球種を打者に打たせよ
17	優位に立つために、最高のコントロールをつけた投球を行え
18	(大多数の選手が速球打ちだから)迷ったらカーブを投げよ
19	打者が好きなコースの一番近いところに最大の欠点がある

投球術～投手の必勝法22か条

11. 踏み出しを開き、腰を開き、体を振り回して投げないこと
12. オーバーストライドをしないこと（重心移動が困難になってしまう）
13. 突発的なストライドをしないこと
14. いいリズムで動き、すべての動作を統合して律動的にすること
15. 手首と腕の動作を強くすること
16. 上体の動きを素早く、そして腕はムチのように強く振ること
17. 楽で自然な腕の角度を取ること
18. リリースポイントを一定にすること
19. 自然なやり方でフォロースルーを行うこと
20. リリースの最終段階では腕のスイングと軸足の蹴りを同時に力強く行うこと

これらのポイントを押さえ、普段の練習で自分に合った投球フォームを体に覚え込ませることが大事だ。さらに下記のような投球術を実現するためには、正確なコントロールも身につけなければならない。そのポイントも記しておこう。

■ 投手の必勝法22か条（藤田元司・引用）

1	良い肉体的なコンディションを作り、それを保った場合
2	自分の弱点を是正するための練習を行い、矯正できた場合
3	野球ルールについて、完璧な知識を持ったとき
4	ボールが自分のところに来る前にあらかじめ自分のやるべきプレーを考えておいた場合
5	試合のあいだ中ハッスルしたとき
6	クラブハウスの弁護士になるな。弁解するな
7	投手守備を完全に勉強し、身につけたとき
8	用具の手入れをよくしておいたとき
9	自分の腕や体の故障について監督に隠さず報告している場合
10	自分の左側のすべての打球に対して直感的に一塁ベースに走り出すこと
11	味方が楽にリードしているときに、慎重に投げすぎないこと
12	注意しすぎて、相手を歩かせないこと
13	走者がいるとき、投球をフルカウントに持ち込み併殺打に打ち取る可能性を減らすな
14	犠牲バントのときは、相手の先行走者をアウトにするために思い切りよく飛び出すこと
15	0ボール2ストライクから決して好球を投げるな。自分の優位に生かせ
16	後ろに強打者が控えているときに、弱い打者を歩かせるな
17	外野からの返球をバックアップするために正しい位置につけ
18	満塁のときに、フルワインドアップをしてはならない。特に二死でフルカウントのときは必ずセットせよ
19	注意して投手を歩かせるな。それによって、次のイニングのトップの弱い打者を失う
20	走者三塁で内野が前進守備のときには、打者にゴロを打たせるような投球を低めにコントロールすること
21	犠牲バントをしっかりマスターすること
22	各イニングごとの風の方向、状況を察知しなければならない

投球術〜打者のタイプと対策

[コントロール向上の必須事項]

1. どこに投げるのかを、しっかり自分の心に決めてから投球する
2. 標的を凝視し、絶対にそこへ行くのだということだけを信じて投げ込む
3. 投げ込む一点に全神経を集中させ、力みや邪心を持たずに投球する
4. いかなる場合でも完全な重心の保持と移動を行い、一定のフォームで投げる
5. 腕のスイングがいつも一定で正しい軌道を通過するように訓練をする
6. 自分のリリースポイントをつかむ
7. 投げようとするボールに対して、恐怖心や不安感を持たない
8. 練習では常に絶体絶命のピンチを想定し、自分のすべてを打ち込んだ力強いボールを投げておく
9. 正しい姿勢で物を凝視する訓練を行う

■ 打者のタイプと対策

1	オープンスタンスの打者	内角球を好むため、それを避けて打者の遠めに投げよ
2	大きなストライドを取る打者	一般的に低めを得意とするため、高めに投げよ
3	アッパースイングの打者	内角の高めに投げよ
4	かがみ込む打者	低めを好むため、高めに投げよ
5	飛び出し型の打者	チェンジアップもしくは内角の高めに速球を投げよ
6	ヒッチする打者	近めに速球を投げよ。チェンジアップもしばしば効果的だ
7	神経質な打者	間隔を長く取り、焦らせてやれ
8	バケット型（前足を突っ込む）の打者	特にカーブを投げよ
9	頭を振る打者	カーブを何球か投げよ。特に外角を狙え
10	ヤマをかける打者	投球をいろいろミックスせよ
11	ベースの近くに立つ打者	近めが好きだから外角を攻めよ
12	ベースの遠くに立つ打者	遠めが好きだから内角を攻めよ
13	バットを寝かせている打者	高めが好きだ
14	バットを立てている打者	一般的には低めが好きだ
15	ヒジの入っている打者	近めに弱い
16	ヒジが前面に出ている打者	近めに強い。外角球は引っ掛けてくる
17	バットのヘッドが入っている打者	緩い球に強い
18	クローズドスタンスの打者	近めの低めが強い
19	ヒザを真下に折っている打者	縦のカーブに弱い
20	バットのヘッドが大きく回る打者	近めの低いシュート系に弱い
21	バットを叩きつける打者	高めに強い。低めの変化球を投げよ

岩井監督の言葉「投球編」

「投手はまずコントロール」
「勇気を持って緩いボールを使え」
「走者を背負ってから点を取られない投手になれ」
「四死球で出した走者は失点になりやすい。その失点は返しにくい」
「カーブなどの緩いボールでアクセントをつけろ」
「緩いボールほど"遠く低く"投げる」
「マウンドに上がって心が動かないように」
「緩いボールも速いボールも全力で投げろ」
「投手は投げたがりのほうが良い。あまり投げない投手は肩の持久力がつかない」
「オフシーズンには新しい球種を覚えろ」
「打たれろ。ヒットは3本続かない。四球は失点になりやすい」
「打たれても打たれてもめげず、次にチャレンジして抑えられる投手になれ」
「良い球を投げる投手ではなく、勝てる投手になれ」
「1球1球、気持ちを込めろ」
「試合のとき、ブルペンで調子が悪ければ多めに投げる」
「ストレートで生きるのか、変化球で生きるのか、ハッキリしろ」
「踏み込みは6歩半。崩れるなら6歩」
「変化球は真ん中から曲げろ」
「内転筋を意識しろ」
「頭を振っちゃダメだ」
「体から腕が離れたらダメ」
「意識してコースへ投げろ」
「ボール球とストライクを投げる練習をする」
「マウンドでは余計な仕草を無くしてテンポ良く投げる」
「頭を捻れば捻るほどボールは行かなくなる」
「力は（いったん）抜いて（から）入れろ」
「打者は"ボール球からボール球"（の変化球）は振らない。"ストライクからボール球"（の変化球）を投げる」
「コントロールの悪い投手は3-2（フルカウント）を想定しろ」
「ボールは押すな。軸足のヒザが下がるとボールを押す」
「自信がなさそうに投げるな」
「無駄な四球をなくせ」
「エラーで出た走者を返すな。0点で抑えろ」
「サイドハンドの投手は腕をでんでん太鼓のように使え」
「アンダースローは高めを使え」
「滑らかに腕を振れ」
「打たれた後の仕草が悪い（とダメ）」
「最後まで指に掛けろ」
「ボールに根性がない（とダメ）」
「1点を嫌がって2点を取られたらダメだ」
「爪のケアをせよ」
「今の高さは『外野フライを打ってくださいよ』っていう高さだ」
「もう少し躍動感がないといけない」
「投げ方がおとなしい（とダメ）」
「ボールがおとなしい（とダメ）」
「毎日投げるからどんどん良い投手になる」
「投げ込んで肩のスタミナをつけろ」
「押したり引いたりしろ」
「打者は力まないほうが打ちづらい」
「生意気に投げろ」
「気を抜いたボールをなくせ」
「際（きわ）に強くなれ」
「スピード（球速）と競争するな。キレの良いボール、質の良いボールを投げろ」
「四球より打たれたほうが良い」
「試合を作れ」
「マウンドの高さ、角度を利用する」
「体の小さい投手は、心と体が一致して全身を使って投げないと良い球は行かない」
「初速が速くて終速が遅いのはダメ。初速と終速が変わらないボールを投げろ」

第6章
その他の練習

打撃練習、守備練習、走塁練習、投球練習と野球に必要な練習は多い。
ここでは実戦的なシート打撃や紅白戦、
フィジカルを強化するためのトレーニング、
そしてコンディションを整えるためのケアメニューなど、
さまざまな練習を紹介していく。

実戦練習

試合を想定して状況判断を磨く（ねらい）

Menu **042** マシンシート

難易度 ★★★★☆

カテゴリー
▶ テクニック
▶ フィジカル
▶ チームワーク
▶ メンタル

やり方

打撃マシンをマウンド付近に置き、選手たちは各ポジションに就く。さまざまな状況を設定し、投手が投げるフリをするタイミングに合わせてマシンにボールを入れる。打者が走者と連動しながら攻撃を仕掛ける。守備側はそれに対応して動いていく

！ポイント

状況に合わせた判断力を磨く

実戦を想定した守備、打撃、走塁、すべての練習になる。守備側は場面に応じて中継プレーなどの連係も行うこと。打者は場面に応じたケース打撃を行う。走者は「ライナーバック・アウトカウント・守備位置」を頭に入れて状況判断をしていく。状況で最も難しいのは一死一・三塁。たとえばポテポテの三ゴロで守備側は併殺をねらうのか、本塁へ投げるのか。そこに攻撃側の重盗やスクイズ、犠飛、ゴロGOなども絡むため、各選手が複雑な状況での判断を迫られる。打撃マシンを使うのは、すべてストライクで効率良く練習が積めるため。

実戦練習

試合を想定した中で選手の勝負強さを見極める

Menu **043** 投手シート・紅白戦

難易度 ★★★★★

カテゴリー
▶ テクニック
▶ フィジカル
▶ チームワーク
▶ メンタル

やり方

投手がマウンドに上がり、選手たちが各ポジションに就く。
さまざまな状況を設定した上で投手が投げた球を打者が打っていき、走者も攻撃を仕掛ける（投手シート）。
選手が2チームに分かれ、公式戦とまったく同じように試合をする（紅白戦）

⚠ ポイント
発表の場で勝負強さを見極める

投手シートはマシンシートと同様、具体的なケースを設定して行う。その際は捕手が指示を出し、そのときのチームの苦手な状況、試合で失敗した状況などを選択する。自分たちで状況を設定することで、考えて動けるようになっていく。紅白戦は試合とまったく同じ状況の中で、いかに準備をして臨めるか。そして、発表の場でいかに勝負強さを発揮できるか。積み重ねた成績は数字で表にして貼り出し、結果を残した選手はひとまずリーグ戦の出場メンバー候補となる。なお、基本的には選手に任せて考えさせることが大事だが、うまくいかなくてクビを捻ったり、道具に責任転嫁をするような態度を取るようなら指導者が厳しく指摘する。

トレーニング

ねらい: 目的に応じて効果を得る

Menu **044** トレーニング①ランニング

難易度 ★★☆☆☆

カテゴリー
- ▶ テクニック
- ▶ フィジカル
- ▶ チームワーク
- ▶ メンタル

やり方

目的によって距離や本数、セット数を決定する。
ローパワートレーニングは時間をかけて長い距離を走り、心肺機能を高める。
ハイパワートレーニングの場合は20mや50mの短いダッシュで瞬発力を高める

? なぜ必要?

目的を決めて走ることでさまざまな効果がある

有酸素能力を向上させ、心肺機能を高めたいときはローパワーで長い時間走る。有酸素能力は疲労回復にも関係するため、すべての人に必要な能力だ。インターバル走やポール間走のような高強度なトレーニングでは筋持久力や有酸素能力の向上が期待できる。20mや50mの短いダッシュは瞬発力やスプリント能力を養える。やみくもに走るのではなく、目的を決めることでさまざまな効果を得られるのだ。

トレーニング

握力、上腕二頭筋などの筋力アップ

ねらい

Menu **045** トレーニング②綱登り

難易度 ★★★★☆

カテゴリー
- ▶ テクニック
- ▶ フィジカル
- ▶ チームワーク
- ▶ メンタル

やり方
天井から吊るされた綱を自分のお腹に引きつけるようにしながら腕の力を使って登る。降りるときに手をすって降りてしまうと手の皮がむけてしまうので、登ったときと同じように力を入れながら降りるようにする

❓なぜ必要？
筋力アップが期待できる

綱を握ることで握力の強化となり、登ることで広背筋や上腕二頭筋などの筋力を強化することができる。握った手と手の間隔を広げれば広げるほどより大きな負荷がかかって筋力強化につながるので、慣れてきたら手の間隔を広げて登ってみるようにしよう。また、登るときに体が揺れないように意識することで、体幹部のバランス能力の強化が期待できる。

👆ワンポイントアドバイス
≫ より強い負荷をかける

力がついてきてより強い負荷をかけようと思ったら、足を綱に絡ませずに腕だけで登るようにするといい。全体重を腕だけで支えることになり、上腕二頭筋だけでなく、腹筋や背筋にも強い負荷がかかるようになる。

トレーニング

ねらい　背筋力などの筋力アップ

Menu 046　トレーニング③
ハンマー打ち

難易度 ★★★☆☆

カテゴリー
▶ テクニック
▶ フィジカル
▶ チームワーク
▶ メンタル

やり方

10kgくらいの重さのハンマーをバットを持つようにして握る。そのまま真っすぐ真上に振り上げて、真っすぐ振り下ろす。このとき、ハンマーは地面につけずに水平の位置で止める。足の幅は打席に立つときと同じくらい開くようにする

? なぜ必要?

筋力アップのため

重量のあるハンマーを振り上げて振り下ろすことで、背筋力や前腕部の強化につながる。また、タイヤなどを叩くことでバッティング動作のヒッティング時に類似したエクササイズにもなる。最大努力で実施してハンマーのスピードを意識して行うとより効果が得られる。

トレーニング

筋力アップ

Menu 047 トレーニング④
ウエイトトレーニング

難易度 ★★★☆☆

カテゴリー
▶ テクニック
▶ フィジカル
▶ チームワーク
▶ メンタル

やり方

ベンチプレス、デッドリフト、スクワット、バーベルカールなど、ウエイト器具を使って目的に応じて鍛えたい筋力を強化する。
オフシーズンは週3～4回、シーズン中は週1～2回程度実施するようにする

? なぜ必要?

筋力アップ、体力向上に不可欠だから

強い打球を飛ばす、強いボールを投げる……野球をプレーする上で、筋力や体力は必要不可欠なもの。シーズン中とオフで頻度や負荷は変えても、ウエイトトレーニングは継続的に行うことが好ましい。ベンチプレス、スクワット、デッドリフトといった基本種目を中心に、フォワードランジ、サイドランジ、カーフレイズといった下肢の種目とベントオーバーロウなど背部の種目、ショルダープレスやアームカールなどの肩・腕の種目など全身バランス良く行うことも必要だ。

トレーニング

下半身の強化。
球際の強さを得る

Menu **048** トレーニング⑤
アメリカンノック

難易度 ★★★★☆

カテゴリー
▶ テクニック
▶ フィジカル
▶ チームワーク
▶ メンタル

やり方

練習者はライトの位置に構え、ノッカーはセンターに向かってフライを打ち上げる。練習者はライトの位置からダッシュしてボールを追いかけてキャッチする。次はノッカーがライトの方向にフライを打ち上げ、練習者はセンターの位置からライトの位置へダッシュしてボールを追いかけてキャッチする

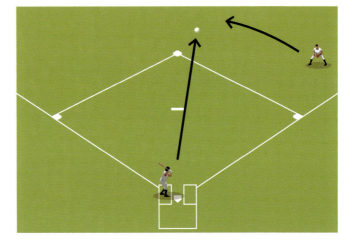

球際の強さを得る

ライトからセンター、あるいはレフトからセンターなど、練習者はダッシュで打球を追いかけるため、下半身の強化や体力向上につながる。これに加えてギリギリの打球をキャッチすることで、球際の強さを習得することもできる。ねらったところにしっかり飛ばすことが必要であり、ノッカーに高い技術が求められる。

トレーニング

下半身の柔軟性と筋力の向上

Menu **049** トレーニング⑥ペッパー

難易度 ★★★☆☆

カテゴリー
▶ テクニック
▶ フィジカル
▶ チームワーク
▶ メンタル

やり方

2人1組となって4～5m距離をとる。一方が軽くボールを投げて、
もう一方が左足を大きく踏み込みながら左でボールをキャッチする。
キャッチしたボールはパートナーに投げ返す。次は踏み込む足とキャッチする手を変えて行う

❓ なぜ必要？

下半身の柔軟性と筋力を向上させる

これは補強動作と自重を組み合わせたエクササイズ。ボールをキャッチする際に片足を踏み出して体を沈みこませる動作を行う。この動作はランジと同じ動きであり、下半身の筋力向上につながる。

また、柔軟性を養うこともできる。体を沈ませるときは深く沈みこませるのがポイント。深く沈むほうがヒザへの負担が少なく、太ももや臀部の筋肉により大きな負荷がかかるからだ。

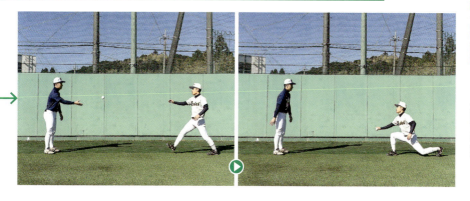

トレーニング

ねらい 下半身の強化

Menu 050 トレーニング⑦
股関節〜開脚キープ

難易度 ★★☆☆☆

カテゴリー
▶ テクニック
▶ フィジカル
▶ チームワーク
▶ メンタル

やり方

足を左右に大きく開いていき、自分が開脚できるギリギリのところで静止して、その状態をキープする。このとき、上体は左右にブレずに真っすぐの姿勢を保つ

❓ なぜ必要?

股関節の可動性と安定性を鍛える

これから8つの股関節のトレーニングメニューを紹介する。打撃でも投球でも地面を蹴って得た力を体幹部に伝えるためには、股関節の柔らかさとバランス能力が必要となる。そのために日頃から股関節を意識したトレーニングを取り入れて、可動性や安定性を鍛えておくことが大事になる。日々繰り返すことで誰でも効果は得られる。

Menu 051 トレーニング⑦股関節〜開脚つま先

やり方

1. 足を左右に大きく開いていく
2. 体を前屈させながら右手で左足のつま先をタッチ
3. 上体を元に戻したら今度は左手で右足のつま先をタッチ

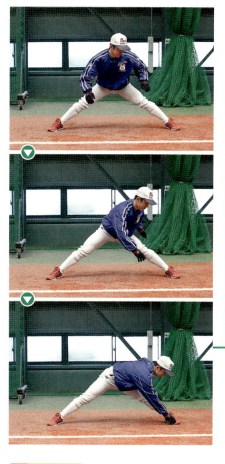
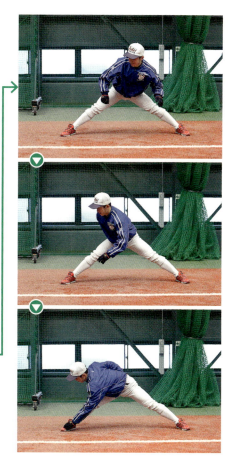

⚠ ポイント

腕だけを伸ばすのではなくお腹を太ももにつける意識で

股関節の可動性に関わる裏もものストレッチ効果が得られる。つま先をタッチするときは腕を伸ばすことだけを意識するのではなく、お腹を太ももにつけるような意識で腕を伸ばしていくと、裏ももをしっかりストレッチすることができる。

Menu 052 トレーニング⑦股関節〜開脚前屈

やり方

1. 座った状態から足を左右に開いていく
2. 体を前に倒していく
3. 胸がつくまで体を倒して静止する

!ポイント

ヒザを軽く曲げても良い

股関節の可動性に関わる内転筋群のストレッチになる。座った開始姿勢で骨盤が立たない人は、お尻を高くして行うと良い。また、体が硬い人は最初はヒザを軽く曲げて行っても良い

Menu 053 トレーニング⑦股関節〜開脚前屈つま先

やり方

1. 座った状態から足を左右に開いていく
2. 左手で右足のつま先を触るように体を倒していく
3. 右手で左足のつま先を触るように体を倒していく

!ポイント

もも裏を意識する

股関節の可動性に関わるもも裏のストレッチになる。体が硬い人は少しヒザを曲げても良い。無理やりつま先を引っ張ると筋を痛めてしまうので、体を倒すことでもも裏のストレッチになるように意識する。

Menu 054 トレーニング⑦
股関節〜うつ伏せキープ&腕立て

やり方

1. 足を左右に目いっぱい広げて手を前方につく
2. そのまま腕立て伏せの要領で体を倒して30秒ほどキープ
3. 上体を起こす

⚠️ ポイント

上肢のトレーニングではない

お尻は後方に引くイメージで体を前に倒していく。このとき、背中が丸まらないように注意すること。上体を持ち上げる腕立ての要素が入るが、これは上肢のトレーニングではない。上体を昇降することで股関節のストレッチ角度に変化をつけることが大事。

Menu 055 トレーニング⑦ 股関節〜ヒップローテーションⅠ

やり方
1. 両ヒザを立てた状態で座り、手は前に出す
2. 左ヒザの内側、右ヒザの外側が地面につくように足を倒す
3. 左右交互に行う

⚠ ポイント 体は正面を向いたまま

ヒザを左右に倒す際に体は横を向かずに正面を向いたままにして行う。手を前へならえのように前に伸ばしておくと、体がブレていないかがわかる。

Menu 056 トレーニング⑦ 股関節～ヒップローテーションⅡ

やり方
1. 両ヒザを立てた状態で座り、手は前に出す
2. ヒップローテーションⅠの状態から後方に回旋して体を倒した側の腕を伸ばす
3. 左右交互に行う

ポイント 足は浮かさない

体を右に倒すときは、右ヒザの外側と左ヒザの内側が地面につく状態になる。腕を伸ばしても足が浮かないように注意する。

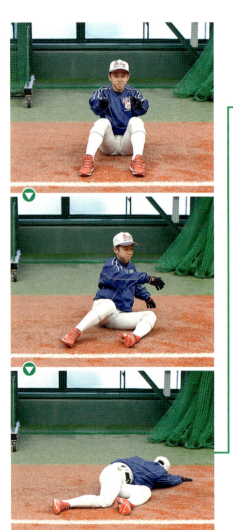
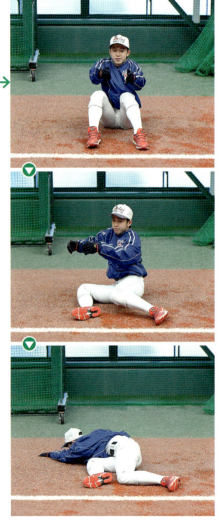

Menu 057 トレーニング⑦ 股関節～ヒップローテーションⅢ

やり方
1. 両ヒザを立てた状態で座り、手は前に出す
2. ヒップローテーションⅠの状態から後方に体を回旋して両腕が地面につくように腕を伸ばす
3. 左右交互に行う

⚠ ポイント 軸は動かさない

ヒップローテーションⅠのヒザをゆっくり倒すことが基本。両腕を地面につくように腕を伸ばしたときにお尻の位置がズレると軸がズレてしまうので、上体は回旋しても軸は動かさないようにする。

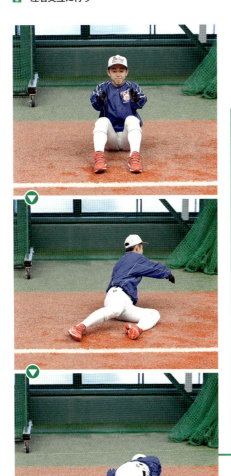
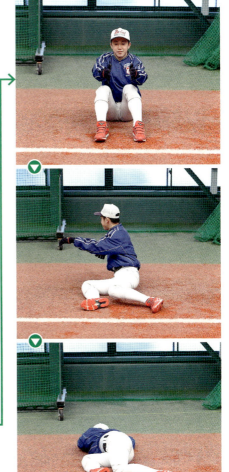

トレーニング

肩甲骨の可動性、コントロールする筋力を高める

Menu **058** トレーニング⑧肩関節〜Y

難易度 ★★☆☆☆

カテゴリー
▶ テクニック
▶ フィジカル
▶ チームワーク
▶ メンタル

やり方

1. 体が「Y」の形になるように両腕を斜め上に向けてうつ伏せになる
2. 親指が上を向く状態から肩甲骨を内側に寄せながら腕を地面から上げる
3. この動作を繰り返す

？ なぜ必要？

肩甲骨の可動性やコントロールする力を高める

肩甲骨は体幹に浮遊して付いている骨であり、肩甲骨の可動性は、筋肉の柔らかさだけでなく肩甲骨をコントロールする筋力も関係する。これから紹介する肩関節を使うトレーニングで肩甲骨の可動性やコントロールする筋力を高めていく。

Menu 059 トレーニング⑧肩関節〜T

やり方

1. 体が「T」の形になるように両腕を水平に伸ばしてうつ伏せになる
2. 小指を上にしたまま地面から腕を持ち上げる
3. この動作を繰り返す

ポイント

肩甲骨を寄せる

腕を上げるときはヒジを曲げずに肩甲骨を内側に寄せるようにして持ち上げる。胸は地面から離れないようにすること。

Menu 060 トレーニング⑧肩関節〜W

やり方

1. 体が「W」の形になるように両腕を曲げてうつ伏せになる
2. ヒジと手を同時に地面から上げる
3. この動作を繰り返す

! ポイント

腕を足のほうに下げる意識で持ち上げる

肩甲骨を内側に寄せて、さらに足のほうに下げる意識で、胸を張るようにしてヒザと手を同時に上げる。胸を張るようにしても地面から浮かさない。

Menu 061 トレーニング⑧肩関節〜YW

やり方

1. 体が「Y」の形になるように腕を斜め上に向けてうつ伏せになる
2. 腕を「Y」の形から「W」の姿勢まで地面につかないように動かす
3. 「W」になったら「Y」に戻し、この動作を繰り返す

⚠ ポイント

腕を動かすときに地面につけない

腕を「Y」と「W」になるように動かす。このとき、地面についた状態ではなく、必ず地面から浮かせた状態で動かすこと。

Menu 062 トレーニング⑧肩関節〜交互YW

やり方
1. 腕を軽く曲げてうつ伏せになる
2. 片方の腕は「Y」になるように伸ばして、もう片方の「W」になるように曲げる
3. 同時に腕を動かしながら姿勢を入れ替える

⚠ ポイント 腕は同時に動かす

「Y」の腕と「W」の腕は同時に動かして姿勢を入れ替えるようにする。どちらの腕も地面につけないようにする。

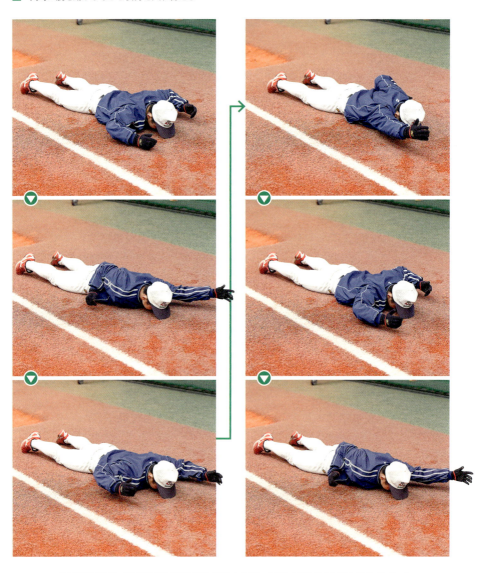

Menu 063 トレーニング⑧肩関節〜片ヒジ立てクロール

やり方
1. 片ヒジで上体を支える
2. 上体を支えていないほうの腕でクロールのように腕を前まわしと後ろまわしを行う
3. この動作を左右交互に行う

ポイント 肩甲骨から動かす

前まわし、後ろまわしをするときは、肩甲骨からまわすようにする。

トレーニング

ねらい 胸郭と体幹を鍛える

Menu 064 トレーニング⑨
胸郭&体幹〜トランクⅠ

難易度 ★★☆☆☆

カテゴリー
- ▶ テクニック
- ▶ **フィジカル**
- ▶ チームワーク
- ▶ メンタル

やり方

1. かかとをお尻につけて座り、一方の手は前腕を地面につけ、もう一方の手は腰に当てる
2. 腰に当てた腕のほうに体を旋回させて天井を見るようにする
3. 反対側も同じ動作を行う

❓ なぜ必要?

体幹を強化する

人間が立ったり座ったり走ったりできるのは体のコアである体幹があればこそ。ボールを投げる、バットを振るといった野球のプレー動作にも当然、体幹の強さは影響してくる。通常のトレーニングの中で鍛えることはできるが、体幹に特化したトレーニングをすることでしっかり強化していく。

Menu 065 トレーニング⑨胸郭&体幹～トランクⅡ

やり方

1. かかとをお尻につけて座り、一方の手は前腕を地面につけ、もう一方の手は首の後ろに持っていく
2. 首の後ろに手を持っていった側に体を旋回させて天井を見るようにする
3. 反対側も同じ動作を行う

! ポイント

ストレッチ効果もある

姿勢を真っすぐにして行うことで体幹の強化につながる。それと同時に大胸筋のストレッチ効果もあり、肩甲骨の運動にもなっている。

Menu 066 トレーニング⑨胸郭&体幹～トランクⅢ

やり方
1. 四つ這い状態になり、一方の手を首の後ろに持っていく
2. ヒジで弧を描くようにして胸を広げる
3. 反対側も同じ動作を行う

⚠ ポイント
腰は捻らない
地面につく手は肩の真下に置いて背中を曲げない。腰はあまり捻らず、胸を開くようにして手を動かす。

Menu 067 トレーニング⑨胸郭&体幹〜CAT&DOG

やり方
1. 四つ這いの状態になる
2. 背中を丸めるCATのポーズでキープ
3. 背中をそるDOGのポーズでキープ

⚠️ ポイント
肩甲骨の動かし方を意識する

CATでは地面を押して肩甲骨を開くようにして、DOGでは肩甲骨を引き寄せるようにして動かす。

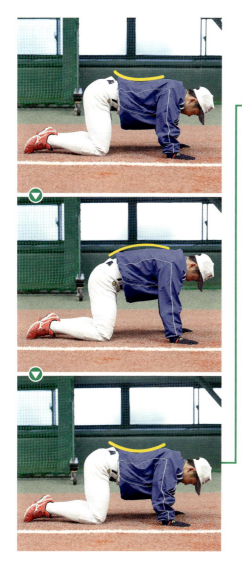

Menu 068 トレーニング⑨胸郭&体幹〜アームスイープ

やり方

1. 体の側面が地面につくように横向きで寝る
2. 上にある腕を後ろまわし、前まわしと動かす
3. 反対側も同じ動作を行う

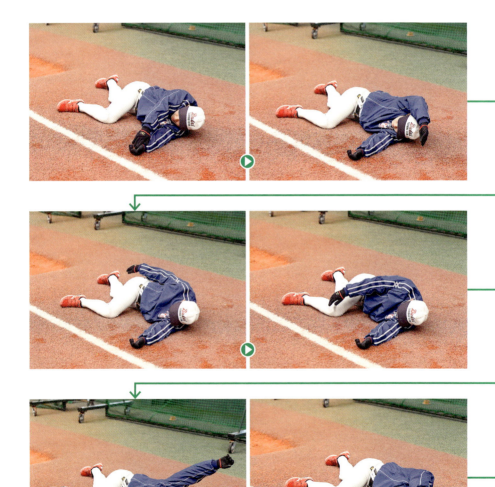

> **! ポイント**
>
> ## 姿勢は崩さない
>
> 横向きの状態で腕を前まわし、後ろまわしと動かすとき、
> 体幹が弱いと体がぐらついてしまうが、姿勢が崩れないように意識して行う。

トレーニング

ねらい 基礎体力を高める

難易度 ★★★☆☆

カテゴリー
- ▶ テクニック
- ▶ フィジカル
- ▶ チームワーク
- ▶ メンタル

Menu **069** トレーニング⑩サーキット〜バーピージャンプ

やり方

立った状態から屈伸して手を地面につき、足を後方に伸ばす。伸ばした足を引きつけて戻し、屈伸の状態からジャンプしながら立ち上がる。この動作を繰り返す

? なぜ必要?

効率的にトレーニングをする

ここでは8種類のサーキットトレーニングメニューを紹介していくが、有酸素運動と筋力トレーニングを兼ねているため、効率的なトレーニングができる。ターゲットとしている筋肉を考慮し、同じ部位に負荷がかかるメニューは続けて行わないようにするのがポイント。

Menu 070 トレーニング⑩サーキット〜スリークッション

> やり方

ジャンプをしながら右足を上げ、同じように次は左足を上げ、
それから両足をそろえてスクワットを行う。この3つの動きを一連の動作として繰り返す

> ! ポイント

リズムよく動く

右足を上げる→左足を上げる→両足をそろえてスクワットと一連の動作で行う。3つの動きがセットなので一つひとつの動作ごとに動きを止めずにリズムよく行う。

Menu 071 トレーニング⑩
サーキット〜スクワットジャンプ

やり方

ジャンプして着地のタイミングでそのまま沈み込んでスクワットを行う。
沈み込んだ状態からジャンプして立ち上がり、着地と同時にスクワット。この動きを繰り返す

ポイント
背中を曲げない

ジャンプをする際、体が前傾したり、そったりしないで常に真っすぐの状態でスクワットを行う。足の幅は肩幅より少し広いくらい。何度ジャンプしてもこのスタンスが大きく変わらないように注意。

Menu 072 トレーニング⑩サーキット〜馬跳び

やり方

1. 2人1組になり、一人が馬になる
2. 練習者はパートナーの馬を跳び、着地と同時に向きを変えて反対側に跳ぶ
3. この動作を繰り返す

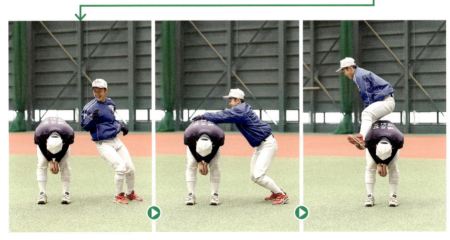

⚠ ポイント

一歩で跳ぶ

1回、1回動きを止めて行うのではなく、跳び越えた後、
着地をしながら体の向きを変えて、すぐに反対方向に跳ぶようにする。

Menu 073 トレーニング⑩サーキット〜逆立ち

やり方
1. 2人1組となって一方が逆立ちを行い、パートナーが支える
2. 体を真っすぐにして静止する
3. 交代して行う

！ポイント
背中を丸めない

逆立ちをするときは地面についた手と足の先が真っすぐになるようにする。背中が丸まらないように注意する。

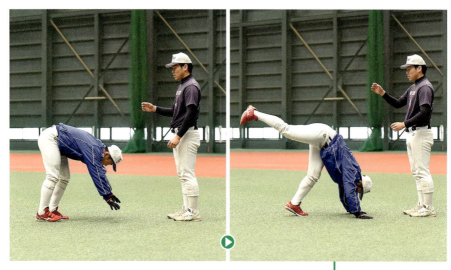

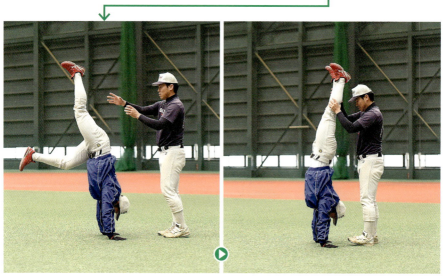

Menu 074 トレーニング⑩サーキット〜手押し車

やり方

1. 2人1組となって一人が足を持ち、一人が腕立ての状態になる
2. 腕立ての状態から一歩ずつ前に進んでいく
3. 交代して行う

⚠ ポイント

前を見る

腕立てから前に進むときは頭を下げずに前を見て背中を伸ばした状態で行う。足を持った人は軽く押すようにする。

Menu 075 トレーニング⑩サーキット〜お姫様抱っこ

やり方

1. 2人1組となってお姫様抱っこで持ち上げる
2. 持ち上げた状態で決められた距離を歩く
3. 交代して行う

ポイント

持ち方を変える

最初に抱っこをするときに左手で頭側、右手で足側を持ったら、2度目に行うときは右手で頭側、左手で足側と持ち方を変えることで、左右の手に均等に負荷がかかるようになる。

Menu 076 トレーニング⑩ サーキット〜ファイヤーマンキャリー

やり方
1. 2人1組となって一人がパートナーを肩に担ぐ
2. 肩に担いだ状態で決められた距離を歩く
3. 交代して行う

❗ポイント

パートナーの体重で負荷を変える

2人組になったときに体重差がありすぎると腰やヒザを痛めてしまう危険があるので、なるべく体重の近い人とペアになる。ただし、筋力がある場合は自分よりも重い人とペアになって負荷を強くしても良い。

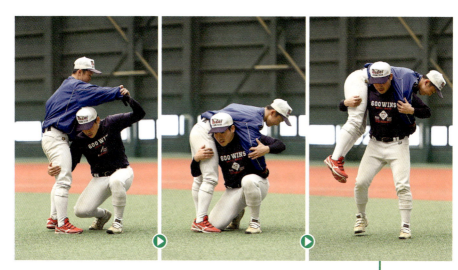

体のケアメニュー

①ストレッチ

> やり方

股関節、肩、背中、腰など、練習で負荷をかけた箇所をゆっくり伸ばしていく

 なぜ必要？

ケガの予防

野球は、投げる、打つ、走るなど全身を使った運動が主体なため、ストレッチや柔軟体操は使った部位だけではなく、全身をバランス良く実施することが必要である。練習で硬く縮んだ筋肉をゆっくり伸ばしていくことで血流が良くなり、老廃物や疲労物質を体の外に押し出していき、疲労を回復する。体をケアすることでケガの予防にもつながる。

体のケアメニュー

②アイシング

やり方

氷を用いて、肩やヒジなど疲労した箇所を冷やす

? なぜ必要?

疲労回復を促す

アイシングをする際は、使用する氷や、冷却媒体の特徴を考慮して凍傷に注意しながら実施する。投球練習後などに、肩やヒジを20〜30分程度アイシングすることで、炎症を最小限に抑えられ、疲労の回復が期待できる。また、応急処置としても有効であるため、アイシングに加えて安静、挙上、圧迫を加えたRICE処置に関する基礎知識については理解し、できるようにしておくべきである。

③酸素カプセル

なぜ必要?

疲労回復を促す

2〜3時間の練習をすると、エネルギーを消費して肉体は消耗する。エネルギーを作る酸素が体のすみずみまでいきわたっていれば運動効率は高まる。一方で酸素が不足すると、体は酸素を使わない方法でエネルギーを作り出そうとするため、乳酸が発生して、蓄積すると筋肉疲労につながる。練習後のこうした状況をさけ、疲労回復を促すために酸素カプセルを利用して、十分な酸素を吸収する。

④メディカルチェック

なぜ必要？

コンディションを把握する

選手が、野球を行うのに問題のない体状態なのか確認をすることが必要である。整形外科的な運動器等の疾患は、プレーや動作の異変で気づくかもしれないが、内科的疾患(オーバートレーニング症候群、スポーツ貧血、ぜんそく、不整脈、虚血性心疾患、スポーツ心臓、高尿酸値血症、痛風など)の把握も重要である。突発的なトラブルに対応できるよう、入部段階で過去の既往歴や家族歴を把握しておくことも必要である。また、定期的にコンディショニングを把握するための体調管理や近隣病院との連携なども大切であり、選手の健康を管理することが必要であろう。

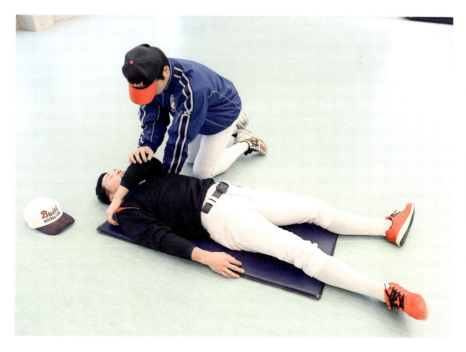

岩井監督の言葉「実戦編」

「一塁側ベンチは試合前にボールをこねる」
「1人でも気持ちが切れたらチームは崩れる」
「最後までスキのない野球をしろ」
「映像で自分のプレーを確かめる」
「ボール球は永遠にボール球」
「相手チームはお金をかけて遠征にきている。失礼のないように」
「試合後はグラウンド・ベンチ・ロッカー・ブルペンを清掃する」
「サングラスはファッションではない」
「相手チームや審判をヤジらない」
「勝ったとき、負けたときの態度」
「相手チームの分析をするよりも自チームの分析をしろ」

第7章
野球人の心得

指導者として、人として、日々成長していくために
心がけておかなければならないことは何なのか？
野球人としての心得を知っておこう。

【1 指導者としての心得】

自分なりの山の登り方を探しチームに合った指導を見つける

　私の教え子には指導者がたくさんいます。彼らに伝えているのは、指導者というのは学生たちの目標でいなければならないということ。だから服装はいつも小奇麗にしておく必要があるし、間違ったことをしてはいけない。勝ち負けというのは選手たちとの出会いとか、タイミングや抽選に恵まれたりとか、いろいろな要素があるので、これが絶対というものはありません。ただ、身だしなみの部分でも考え方の部分でも、汚い監督にだけはなってほしくない。だからスーツやネクタイ、ベルトや革靴などにもしっかりと気を遣うように言っています。

　教え方というのは人それぞれが持っているものなので、これと決まったマニュアルはありません。人間として大事な部分を教えていくという最終的な着陸地点だけは決まっているのですが、そこへ行くルートは人それぞれにあっていい。富士山にしたって、ある人間は真ん中から登っていくけど、またある人間は裏側から登っているわけで、どう登ろうと自由。

指導者もいろいろな失敗をして覚えていくわけですから、目標・目的に到達するための課程はさまざまなのです。

　だからこそ、今のチームに合った山の登り方を考えてあげることが大事。「昨年のチームはこの登り方で良かったけれども、今年のチームはこの登り方だと登れないよな」ということもよくあるので、そこは指導者が見てあげる必要があるでしょう。つまり、どんな野菜炒めを作っていくのか。もちろん基本は一つなので、その簡単な基本を面白おかしくしていくのも指導者のテクニックだろうし、アレンジしすぎると道が複雑になって山に登れなくなることもあるだろうし、教え子たちが私のマネをしたってダメだろうし…。いろいろな経験を重ねて、ぜひ自分のやり方というのも見つけてほしいですね。

　またこれは私の持論ですが、野球部の監督は教員がやるのが理想です。監督業だけに専念するとなると、チームの勝敗がそのまま自分の評価になるので、怒りっぽい監督になってしまいやすい。しかし教員ならば、授業が上手く回っているのであればそれでいいんだと学校から評

価されるので、勝ち負けとは関係ないところで指導に打ち込むことができます。また教員は学生と同じ生活リズムになるので、お互いに少し疲れた中で練習に入ることになる。これは選手の気持ちも分かるので、ちょうどいいと思います。監督がグラウンドでドーンと仁王立ちして、授業が終わってやってきた選手たちに対して気合いを入れて待っていたら、たまったものではないですからね。

　それと観察力も重要です。選手たちは監督の見ているところでは頑張ろうとするものですが、見ていないところでは手抜きをしがち。たとえばバッティング練習をしている音を聞いて選手の状態を感じ取るなど、いかに見えない部分にも目を向けられるかが大切です。そして、相手のチームの欠点を探すことよりも自分のチームの良いところを探すことにエネルギーを注ぐ。メンバーに入っていない選手にも声を掛け、チームを支えるスタッフにも気を配る。それもまた、監督の大事な仕事だと思っています。

[岩井監督の言葉「指導者編」]
「指導者は小綺麗にする」
「監督は針であり、選手は糸である」
「人は褒めたほうが伸びる」
「目の前に勝負があるなら、勝負師たるものどんな状況でも全力で戦う」
「決戦前のミーティングでは、10の力を持っている選手は8の力を出せば良いと言うと力みが取れる」
「どうすれば勝てるかを考える。その中には教育も人間作りも含まれる」
「監督は個人の感情を捨てることが大切。選手を信じることが大切」
「監督は苦しくとも嫌なときでも楽しい顔をしてグラウンドに入るべき」
「監督には選手が必要である。選手が25名いれば試合はできるが、監督だけでは試合はできない。すべて選手が監督を男にしてくれる。それだけに選手を正しく大きく育てること、よく知ることが大切である」
「監督は人気票で決まるものではない。目的のためには私情を捨てる。いい人だけではやっていけない。嫌われても勝つ（という）前向きな姿勢を持ち続ける」

「褒めて叱れること」
「思い切ってプレーしなさい。失敗したら使った監督が悪いんだから」
「負けたら誰が悪いと言うんじゃない。負けたら監督の責任だ」
「リーグ戦は大勝ちしても次につながらない。いかに緊張感ある試合を続けるかが大切」
「勝つためにはルール・マナーを守って人間関係を円滑に保っていくことが大切」
「選手が前向きになる叱り方をせよ。語尾に前向きな言葉を入れろ」
「調子が悪くなったら1歩下がって見ることも必要」
「人が起きているときに寝ている人はダメ」
「支援グループ(マネージャー・学生コーチ・トレーナー)は大切にする」
「協力する心、困った人を助ける心を持つ」
「外見ではなく、中身をマネする」
「何事にも取り組む姿勢が大切だ」
「弱い弱いと言っていたけど優勝したということは、お前たちは強いんだ」
「なぜ休日返上で練習して努力しているのに、そんなプレーをするんだ。自分に申し訳ないぞ」
「先を読むのではなく、先の成功を考える」
「監督を長くやっているといろんなことがある」
「試合前日はなかなか寝られない」
「間違えたことをやっちゃいけない」
「教え方はたくさんある。山登りにたとえると登り方(教え方)はたくさんある。しかし、着地点は同じ」

【2 人としての心得】

自分なりに考えて解釈することが大事

　野球人なんだから野球だけやっていればいいんだと考えている人もいるかもしれませんが、それでは大事なものを失ってしまう。私はそう思います。

　たとえばプロの世界へ行って成功したからと言って、人より先に人生を成功させたというだけで、そこから結婚して子どもができて、これから家族を養っていこうというときにはもう引退。そのときに社会で生きていく力を持っていなかったら、人生に行き詰まってしまいます。だからプロに行く選手には「契約金は一般社会で言う退職金なんだから、大盤振る舞いをせず親に預けなさい」と言っていますし、社会人野球へ進んだり一般就職をしたりする選手については、地に足をつけて生活をすることの大切さを説いています。また、手取り足取りで1から10まで教えるのではなく、挨拶や礼儀など人としての基本となる部分だけしっかり教えておく。ポンとテーマを出したら3つくらいだけ言葉を投げて、あとは自分で考えなさいと。いつまで経っても指導者の手元にいるわけではないので、ヒントをもとに自分の頭の中で変換して、自分なりの解釈をすることが大事だと思うのです。

　私の言葉については、間違った解釈をする人もいれば、その場でピンとくる人もいれば、卒業して10年経ってようやく分かったという人もいます。でも考える力を養成したいので、それでいいと思います。時間が掛かっても理解したということは、その言葉を忘れてはいなかったということ。私の言うことが世の中のすべてではありませんが、発信した言葉は何十年も生きてくれる。それがいつの日か、私と関わった人たちのためになってくれればいいなと思います。

[岩井監督の言葉「人間編」]

「努力・忍耐・根性」
「性格は変えられないが考え方は
　変えられる」
「人の話は耳で聴くのではなく、
　心で聴けるようになりたい」
「努力と工夫を間違えない」
「技術の迷いは心の迷い。
　ひと皮むけるには心の上達が必要」
「練習を義務でこなしているうちは
　絶対にうまくなれない」
「野球人生は永く、髪の毛は短く、
　バットも短く」
「挑戦しての後悔はよし。
　何もしない後悔がいけない」
「毎日が自分へのスタート」
「努力しても努力してもダメなときもある。
　だったら努力の天才になれ」
「お祝い品などをいただいた際には、
　必ずお礼を言うか礼状を出すこと」
「言われたことはすぐに素早く行うこと」
「人生修行。修行とはツラい・厳しい・
　苦しい」
「知識は浅く広く」
「どんな状況になっても決して惰性・適
　当にならない」
「いろいろなことに興味や関心を持つ」

「自分のアイディアは頑固に持ち続けろ」
「人生の時間割とスケジュールを作れ」
「失敗から始まればゆくゆく良くなる」
「時間は信用。時間に遅れないように」
「失敗を恐れるな。オレは毎日失敗している。今も毎日失敗している」
「夢にも責任を持て」
「最後は気持ち」
「勝負は同じやるなら、勝たなければ努力する意味がない」
「勝てば全員が幸せになる。全体の中に個人がある。そのために個人が犠牲になることもあるが、全員が良いことはあり得ない。勝つことで全員がまとまる」
「慌てるのではなく急げ」

「試合前に夜寝られないことや試合前にトイレに行くことなど、試合前に緊張することは悪いことではない。勝ちたいからそうなるんだ」
「心を鍛えろ」
「スポーツは後から理論がくるほうが活躍する。理論が先にくる選手はダメ」
「自分の素材に気付け」
「親からいただいたものは素晴らしい」
「物事はシンプルに考えろ」
「目力・ギラギラさがないといけない」
「野球オンチになるな」
「痛みに強い人間になれ」
「脳が考えれば体は動く」
「魂を売るな」

「最悪の状況を想定して生活しろ」
「いずれ大学で得た知識が活かせる
　ときがくる」
「無駄ができる人になれ。自分にとって
　無駄でも、やってもらった人にとって
　は無駄ではない」
「たくさんの無駄をしなさい。力をつけ
　て人のために何かをしなさい。損得を
　考えるな」
「若いときの苦労は晩年の
　成功につながる」
「人は面倒を見てやったほうが良い。忙
　しいとか面倒臭いからと言って断るな」
「お金を貸したらあげたと思え」
「準備をしなさい。
　ただ漠然と生きていたらダメ」
「工夫しなさい。
　アイデアを持ちなさい」
「いじめは絶対にしてはいけない。
　弱い者を守る人間になりなさい」
「人生はいろいろある。
　自分で戦っていかなければならない」
「毎日テーマを持ちなさい」
「人生楽しいことばかりではない。
　嫌なことも角度を変えれば楽しくなる」
「神様は、口は1つ、耳は2つくれた。口
　は1つだから自分が言ったことに責任
　を持つこと。耳は2つだから1つは聴く
　耳、もう1つは要らないことを流す耳」
「地球は回っている。人に嫌なことをす
　るといつか自分が誰かに嫌なことをさ
　れる」
「自分がされて嫌なことを人にはしない」
「人間、頭にきたときは怒りも必要」
「人間、逃げた人生より
　攻めた人生のほうが良い」
「寝方にもマナーがある」

「指導者にスキを見せるんじゃない」
「支援グループ（マネージャー・学生コー
　チ・トレーナー）は授業料を払って
　人のために活動している。社会に出た
　らすぐに通用する」
「面倒臭いことを後回しにしない。
　見たらすぐに行う」
「食事の際のマナー（音をさせない・犬
　食いをしない・箸を正しく持つ）を守る」
「ルール違反や余計なことをしない」
「ブレないこと」
「人間は忘れる生き物だからメモを取れ」
「苦言は言うほうがツラい」
「恩は恩で返す」
「ハイと言える素直な気持ちを持つ」
「お金が無くなったら稼げば良い。
　しかし信用を失うと戻ってこない。
　時間は信用」
「物は欲しがってはいけない」
「歳を重ねると一緒に汗を流した人たち
　が大切になってくる。友達は一生だ」
「評価するのは自分ではない。
　他人である」
「『この人知っている』ではなく、
　知られている人間になれ」
「明日は我が身という心構え」
「自分が親にやってもらったことは、
　自分の子どもにやってやる」
「少し休むことも大切だ」
「心と脳にスペースを作れ」
「目を合わせない、
　目の泳ぐ人間はダメだ」
「アスリートはワガママだ」
「真実はひとつ」
「基本的なことをバカにする人間はダメだ」
「人間、言われているうちが花だ」
「人間は、盆栽ではなく大木になれ」

CONCLUSION
おわりに

　実はこれまでの指導者人生において、本を出さないかというお話は何度もいただいたことがありました。それでも出さなかったのは指導が年々、またその時々によって変わっていくものだからです。ただ、大事にしてきたことはその都度、教え子たちにはメモ書きをして渡してきています。本書はそれをもとにして、これまで私が心掛けてきたことをまとめたものです。

　もちろん指導に完璧なものはないですし、私が言っていることがすべてだとは思っていません。ですが大切なことは現在のチームを見つめて、今の子どもたちにはこれがベストだろうなと思うことをやれるかどうか。野球のスタイルにしても、いくら打撃を重視したいと思ったところで、そういう選手が入ってこなければ守備を固めていくしかなかったりもする。選手あってのチームであり、選手あっての監督なので、基本的には決めつけないことが必要だと思います。

　私の考え方も、まだまだ変化している部分があります。たとえば日本代表の監督などを経験していく中で感じたことでもありますが、日本の野球は形式にこだわりすぎたり考えすぎたりする傾向にあり、国際大会ではその常識が通用しないこともある。また、日の丸の重圧から自分の力を発揮できなかったりする傾向もあるので、教えない指導、待つ指導というのも大事なのではないかと。さらに、選手は勝ちを意識した瞬間に力を出し切れなくなりがち。だから「負けないようにやれ」という言葉を掛け、反省はしても後悔はしないプレーができる状況を作っていかなければなりません。

　そうやってどんな指導をしていけばいいのかと考えることは、これからも続くと思います。ただそんな中でもやはり、基本の部分をずっと大事にしていきたいという気持ちも強いですね。「努力・忍耐・根性」さえあれば、人間はどんな世界でも生きていける。それをモットーにして社会に通用する人材を育成しながら、これからの野球界の発展に寄与できれば幸いです。

国際武道大学
岩井美樹

著者

著者
岩井美樹 いわい・よしき

1955年4月6日、千葉県出身。銚子商業時代には夏の甲子園に出場し、江川卓を擁した作新学院に勝利するなどしてベスト8進出。東海大学進学後は、3年時に全日本大学選手権を制覇。1981年に東海大学の監督に就任し、1988年まで指揮をとり8度のリーグ優勝、2度の神宮大会優勝に導いた名将。89年から国際武道大学の監督に就任し、33度のリーグ優勝を飾っている。リーグ戦の通算成績は886試合、654勝206敗26分。勝率.760。

百武憲一 ひゃくたけ けんいち

1974年5月3日、福岡県出身。
福岡工業大学付属城東高校－
国際武道大学－国際武道大学大学院
1997年～1998年 国際武道大学　野球部コーチ
1999年～ 国際武道大学　野球部助監督

大西基也 おおにし もとなり

1981年4月30日、大阪府出身。
東海大学付属仰星高校－国際武道大学－
国際武道大学大学院
2004年～2008年 愛知啓成高校　野球部コーチ
2009年～2011年 愛知工業大学名電高校　野球部コーチ
2012年～ 国際武道大学　野球部コーチ

チーム紹介

撮影協力　**国際武道大学野球部**

1984年創部。千葉県大学野球連盟に所属。同リーグでの優勝は33回。2017年の全日本大学野球選手権では準優勝に輝く。近年はプロ野球選手も数多く輩出している。

デザイン/	有限会社ライトハウス
	黄川田洋志、井上菜奈美、藤本麻衣、岡村佳奈
	株式会社おおきな木
	明日未来
写 真/	黒崎雅久、矢野寿明
編 集/	中里浩章
	佐久間一彦、安多香子（ライトハウス）

身になる練習法
硬式野球 岩井式"心技体"を磨く王道メソッド

2018年2月28日 第1版第1刷発行

著　者/岩井美樹

発 行 人/池田哲雄
発 行 所/株式会社ベースボール・マガジン社
　　　　　〒103-8482
　　　　　東京都中央区日本橋浜町2-61-9 TIE浜町ビル
　　　　　電話　03-5643-3930（販売部）
　　　　　　　　03-5643-3885（出版部）
　　　　　振替　00180-6-46620
　　　　　http://www.bbm-japan.com/
印刷・製本/広研印刷株式会社

©Yoshiki Iwai 2018
Printed in Japan
ISBN 978-4-583-11042-4 C2075

＊定価はカバーに表示してあります。
＊本書の文章、写真、図版の無断転載を禁じます。
＊本書を無断で複製する行為（コピー、スキャン、デジタルデータ化など）は、私的使用のための複製など著作権法上の限られた例外を除き、禁じられています。業務上使用する目的で上記行為を行うことは、使用範囲が内部に限られる場合であっても私的使用には該当せず、違法です。また、私的使用に該当する場合であっても、代行業者等の第三者に依頼して上記行為を行うことは違法となります。
＊落丁・乱丁が万一ございましたら、お取り替えいたします。